朝日新書
Asahi Shinsho 951

何が教師を壊すのか

追いつめられる先生たちのリアル

朝日新聞取材班

朝日新聞出版

まえがき

学校の先生は忙し過ぎる。そう指摘されて久しい。

朝早くに出勤し、夜は遅くまで帰れない。授業とその準備に加え、不登校や発達障害、日本語の読み書きができないなど、個別に対応する必要がある子が大きく増え、そのために作成する書類も多い。こうした教育活動とは別に、行政の調査への回答などの事務作業までも担《にな》っている。このような現状や背景についての報道は徐々に増え、最近では多くの人に知られるようになったように感じる。

朝日新聞教育班は、2010年代前半ごろにこの問題がクローズアップされてから、力を入れて報じてきた。注目を浴びるにつれ、近年は現役教員による記者会見など、世論を喚起する動きも活発になり、文部科学省を始めとする教育行政も少人数学級の推進による教職員定数の増加、教員が担う事務作業の削減の呼びかけやそのための支援員の配置など、様々な対策をとってきた。

ところが、教員が変化を実感できるようになるまでは時間がかかった。

教職員や支援員といった人手の面では改善したはずだったが、すべての学校に目に見える恩恵が行き渡るほどドラスティックなものではなかった。中学や高校の教員の長時間労働の主因とされた部活動の指導は、休養日を設けることなどは決まったが、教員の業務から外すなどのより抜本的な改革までは時間を要した。公立中学校の部活動を地域のクラブなどの指導者に任せる「地域移行」が始まったのは、23年になってからのことだ。

18年ごろからは、出退勤時間をタイムカードで記録するようになったり、午後6時以降には電話対応をせず、留守電にしたりといった工夫が見られるようになった。だが、肝心の業務負担がなかなかなくならない。例えば、特に負担が重いとされ、本来業務ともいえない「学校徴収金」（給食費や教材費など）の管理・督促業務は、多くの学校で教員の仕事であり続けた。文科相の諮問機関、中央教育審議会が17年、教員の働き方改革の緊急提言で「教員の業務としないよう直ちに改善に努めること」と求めたにもかかわらず、6年後の23年も半数以上の自治体が教員に担わせている。

新型コロナ禍とともに幕をあけた2020年代。ツイッター（現X）には、現役教員とみられるアカウントによる、残業の長さと授業準備に割《さ》く時間の短さへの嘆きや、精神疾患になって出勤できなくなった窮状を訴える声があふれた。

国や地方の財政状況がおしなべて厳しい折、急には改善しないのは仕方ないことなのかもしれないが、10年近くも同じような叫びが教員から聞こえてくるのはどうしたことか。これまでの行政の取り組みを問うと同時に、我々も報じ方を工夫していく必要があるのではないか。

こうした反省をもとに取材班で議論し、教員一人ひとりがどのような業務を抱え、授業や生徒指導といった本来業務にどのような影響が出ているのかを読者に具体的にわかってもらうこと、そして、働き方改革が進まない背景に、学校であるが故の阻害要因がないか探ることが重要だとの結論に至った。こうした方向性のもとに、教員の働き方の課題について考える「いま先生は」と題した連載が始まった。

本書は、21年から23年まで朝日新聞紙上や朝日新聞デジタル版で断続的に公開してきたこの連載記事を、一部加筆してまとめたものである。従って、本書が目指すものも連載と同様、問題の所在を具体的に明らかにし、その背景事情を詳述することにある。より具体的に言えば、本書の特徴として以下の3点があげられる。

第一に、現役の教員や元教員に取材した詳細なエピソードをもとに、教員の働き方のみならず、特に公立学校の教育がどのような状況にあるかを具体的に明らかにしている点だ。見えてくるのは多忙さだけではない。同調圧力や前例踏襲といった学校特有の文化、管理職などの配慮に欠ける言動、時に行われる不正、それでも助け合いながら我慢《がまん》強く子どもと向き合おうとする個々の教員の姿など、職場としての学校の様々な側面を見て取ることができる。

第二に、教員が多忙であること、またそれがなかなか改善しないことについて、それはなぜなのか、何が問題なのかといった背景事情を、種々のデータやファクトを通じて浮かび上がらせる。本書を通読することで、教員の長時間労働問題を解決するうえでの課題の所在についてより整理した形で把握できるようになるだろう。
第三に、明らかになった課題の解決に向けたヒントや提言を、多くの専門家への取材から探っている点。教育について研究する学者をはじめ、文部科学相の諮問機関である中央教育審議会の委員、民間教育の担い手など、幅広い人たちに対策や提案を聞いた。末尾には、取材班として、連載取材で見聞きしたことを踏まえた具体的な改善策も提案する。

先生が疲弊し、病み、授業準備がおろそかになっている現状を放置することは、学校教育の質の低下を見過ごすことと同義だ。教員に余裕がなければ、質の高い授業を受けたり、子どもの悩みについての相談を受けるなどしてSOSに気づいたりといった、最も重要な機能が果たせなくなる。これは単なる一業種の労働問題ではなく、子どもの学習や育ちの質にかかわる問題なのだ。

本書が、この問題をよりよく知り、さらに考えるきっかけになれば幸いである。

何が教師を壊すのか　追いつめられる先生たちのリアル

目次

第2章　「定額働かせ放題」の制度と実態　61

第3章　変わらない部活指導　95

第4章　ぼやける公私の境　131

図版作成　Ｊ－ＡＲＴ
写真提供　朝日新聞社（注記なきもの）

第1章　崩壊する教員採用

放課後の小学校の教室（元教員提供）

「＃教師のバトン」炎上は必然だった

「1年間で2日しか休めなかった」

「22時30分退勤。タイムカードは18時退勤」

２０２１年3月、ツイッターで、現役教員とみられるアカウントから、長時間労働などの窮状を訴えるつぶやきが広がった。

きっかけは、文部科学省が始めたプロジェクトだった。検索の目印となる「＃（ハッシュタグ）教師のバトン」をつけてエピソードを投稿すると、文科省がプロジェクト公式アカウントなどで紹介してくれるというものだ。文科省が想定していた投稿内容は、「学校で行われている創意工夫」や「ちょっと役立つイイ話」など。教職のイメージを高め、教員を目指す若者を増やすのが目的だった。

だが、その意に反して殺到したのは、働き方の改善を求める「叫び」だった。

文科省の当時の担当局長は、メディア向け説明会で、「率直に受け止め、働き方改革を加速する」と火消しに走った。その後の取材には「厳しい実態を訴える声もくるだろうとは思っていた」と話した。だが、その後に局長室に取材に行った記者の目には、ここまでネガティブな反応が広がることは予想していなかった様子が見て取れた。そもそも、少しでも予想があれば、わざわざ意図とは逆に教職離れを招くようなプロジェクトは始めようとしなかったに違いない。

この「炎上」騒ぎは、教員が持つ労働環境への不満が広く深く広がっていることを示した。それまで何度も、教員の多忙さがクローズアップされ、そのたびに改革の必要性が指摘されてきた。それなのに、大きく変わることはなかった。そんな現状への怒りの思いが、不満の背景にあったように思う。

近年、教員の働き方の問題点が最初に大きく注目されたきっかけは、２０１４年に発表された経済協力開発機構（ＯＥＣＤ）の国際教員指導環境調査（ＴＡＬＩＳ）の結果だった。この調査結果によると、日本の中学校教員が仕事をしている時間は週に53・9時間で、参加した34カ国・地域で最長だった。このうち授業に使った時間は17・7時間と平均を下回った一方、「一般的事務業務」の5・5時間、部活指導を含む「課外活動の指導」の7・7時間はいずれも参加国で最長だった。日本の教員が長時間労働に苦しんでいるだけでなく、授業以外の、教員でなくてもできるような仕事に時間を費やしていることが明らかになったのだ。

この結果や、その後の社会的な働き方改革の機運の高まりを受け、16年度には文科省が10年ぶりに教員勤務実態調査を実施した。この結果から、小学校教員の3割、中学校の6割が「過労死ライン」とも言われる月80時間を超える残業をしているという、衝撃的な実態が判明した。

取材した教員の多くは、こうした調査結果が示されるたび、「これで大変さが知られ、改善されるに違いない」と考え、文科省をはじめとする行政に期待を持ったという。だが、こうした期待は何度も裏切られてきた。予算など様々な制約から、変化を実感できるほどには改革が進まずにきたからだ。

「#教師のバトン」プロジェクトが始まったのは、そんな状況のなかでだった。疲弊する学校現場にポジティブなツイートを求めるという発想自体が、「文科省は本当にわかってくれているのか」という現場からの疑念を生んだ面もあった。「炎上」は必然だったと言えるだろう。

教員の働き方改革の現在地

教員が忙しくなった要因は様々だ。

まず、いじめや不登校、子どもの貧困など、学校が時間や人手をかけて対応すべき課題が増加した。特に不登校の小中学生は近年急増している。文科省の2021年度の「児童生徒の問題行動・不登校等生徒指導上の諸課題に関する調査」によると、不登校の小中学生は前年度から24・9％と過去最大の伸び幅となり、人数も24万4940人で過去最多となった。22年度は29万9048人と過去最多を更新し、前年度比22・1％の大幅増。いじめは小中高などで68万1948件が認知され、被害が深刻な「重大事態」は923件。いずれも過去最多だった。

さらに、発達上の課題を抱える子や日本語のできない子など、個別対応が必要な子も増加傾向にある。保護者から向けられる目も年々厳しくなっていると聞く。「脱ゆとり」を掲げる08年の学習指導要領の改訂で教える量が大幅に増え、17年の改訂ではプログラミングなども追加された。新型コロナ禍で小中学生に1人1台の情報端末が配られ、端末のパスワード設定や保管、管理業務など新たな対応も必要になった。この間、新たな仕事が増えるのと引き換えに、何かの仕事がなくなることはほぼなかった。学校の業務が「スクラップ&ビルド」（解体と構築）ではなく、「ビルド&ビルド」が繰り返されてきたといわれるゆえんだ。

文科省も対策はしてきた。教員以外の人材を学校に増やす「チーム学校」、35人以下学級の小学校全学年への拡大といった態勢面の拡充は、それまでいかに予算が取れず、財務省に対して「負け続き」だったかを考えると、大健闘とも言える成果だった。働き方改革の指針をつくり、月の残業時間の合計が45時間を超えないようにする「上限規制」にも踏み切った。

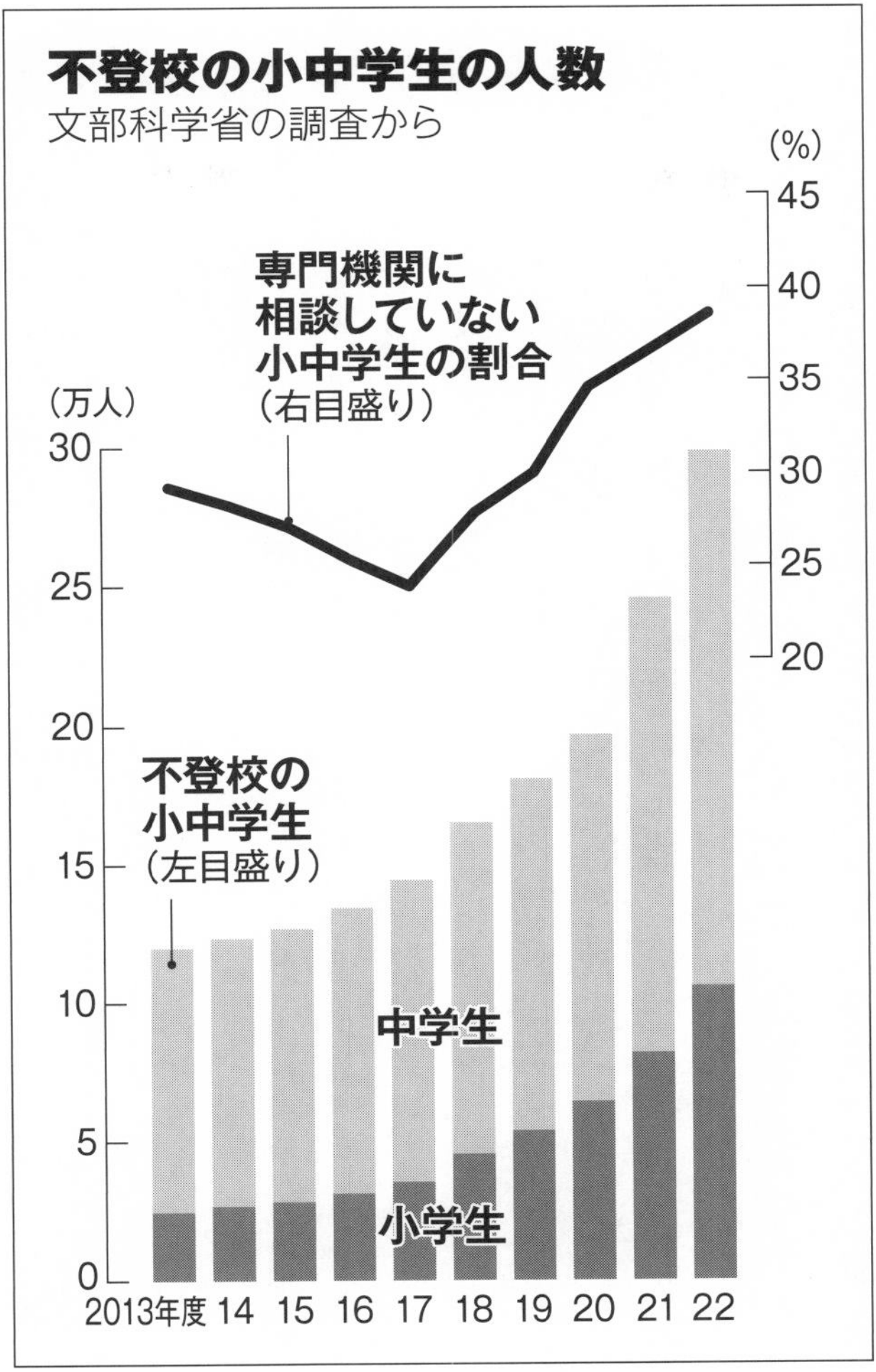
不登校の小中学生の人数
文部科学省の調査から
(%)
45
40
35
30
25
20
専門機関に
相談していない
小中学生の割合
（右目盛り）
（万人）
30
25
20
15
10
5
0
不登校の
小中学生
（左目盛り）
中学生
小学生
2013年度 14 15 16 17 18 19 20 21 22

こうした後押しを受け、働き方改革が進んだ学校もあった。公立学校の多くに浸透した状況とは言えないが、取材で出会った教員の中にも、少しずつ進んでいると受け止める人が多かった。

文部科学省が2023年4月に公表した、2022年度の公立学校教員の教員勤務実態調査の結果（速報値）では、教諭の平日1日あたりの勤務時間（在校時間）は、小中学校とも前回の16年度調査と比べて約30分減少していた。小学校教諭の10、11月の平均在校時間（平日）は10時間45分。学校行事に関係する時間が11分、採点などの成績処理が8分、校外での研修が5分減る一方、授業は7分、出欠確認など朝の業務が6分増えた。土日の在校時間は36分で、約30分減った。中学校教諭は11時間1分。学校行事は12分、学級活動などの時間が10分短縮。授業は11分、朝の業務が7分増えた。土日の在校時間は2時間18分で、約1時間減った。

文科省は、成績処理などの業務のＩＣＴ（情報通信技術）化が進んだこと、コロナ禍で行事が減る一方、授業や朝の健康観察に割く時間が増えたことなどが各業務の時間の増減に影響していると指摘。中学校については、部活で外部指導者を増やし、土日のうち1日は休養するよう求めた効果もあるという。

一方、1カ月あたりの時間外勤務（残業）は、中学校で8割弱、小学校で6割強の教員が文科省の定める上限基準（45時間）に達しており、文科省も「長時間労働が依然として多い」ととらえた。

教員の長時間労働の実態が広く知られるのと軌《き》を一《いつ》にして、別の問題が深刻化していくことになる。

「過去最低」を毎年更新する採用試験の倍率

「小学教員倍率、過去最低2・8倍　採用数は増　『ブラック職場』敬遠？」

2019年12月24日、こんな見出しの記事が朝日新聞朝刊社会面に掲載された。18年度に都道府県や政令指定市などの教育委員会が実施した公立学校の教員採用試験で、小学校教員の受験者数を採用者数で割った「採用倍率」が2・8倍と過去最低となったことを伝える記事だ。

受験者数は前年度から約3500人減の約4万8000人となったという。すでに社会問題となっていた教員の長時間労働が、ついに深刻な教職離れにつながった。そんな見方から大きな話題となり、それまであまり注目を集めてこなかった教員採用倍率が話題を集めるようになる。

倍率低下や受験者数の減少傾向はその後も続いた。文科省の発表で、小学校の採用倍率は19年度実施で2・7倍、20年度実施で2・6倍、21年度実施で2・5倍、22年度実施で2・3倍と毎年「過去最低」を更新。ピークだった1999年度実施試験の12・5倍を10ポイント以上下回った。22年度は高校も4・9倍と過去2番目に低い数値となった。ピークだった06年度の14・2倍の3分の1ほどにまで減ったことになる。受験者数も小中高校いずれも毎年数千人ずつ減り続けた。

朝日新聞が22年度実施の教員採用試験の受験者数を都道府県教委や政令指定市教委な

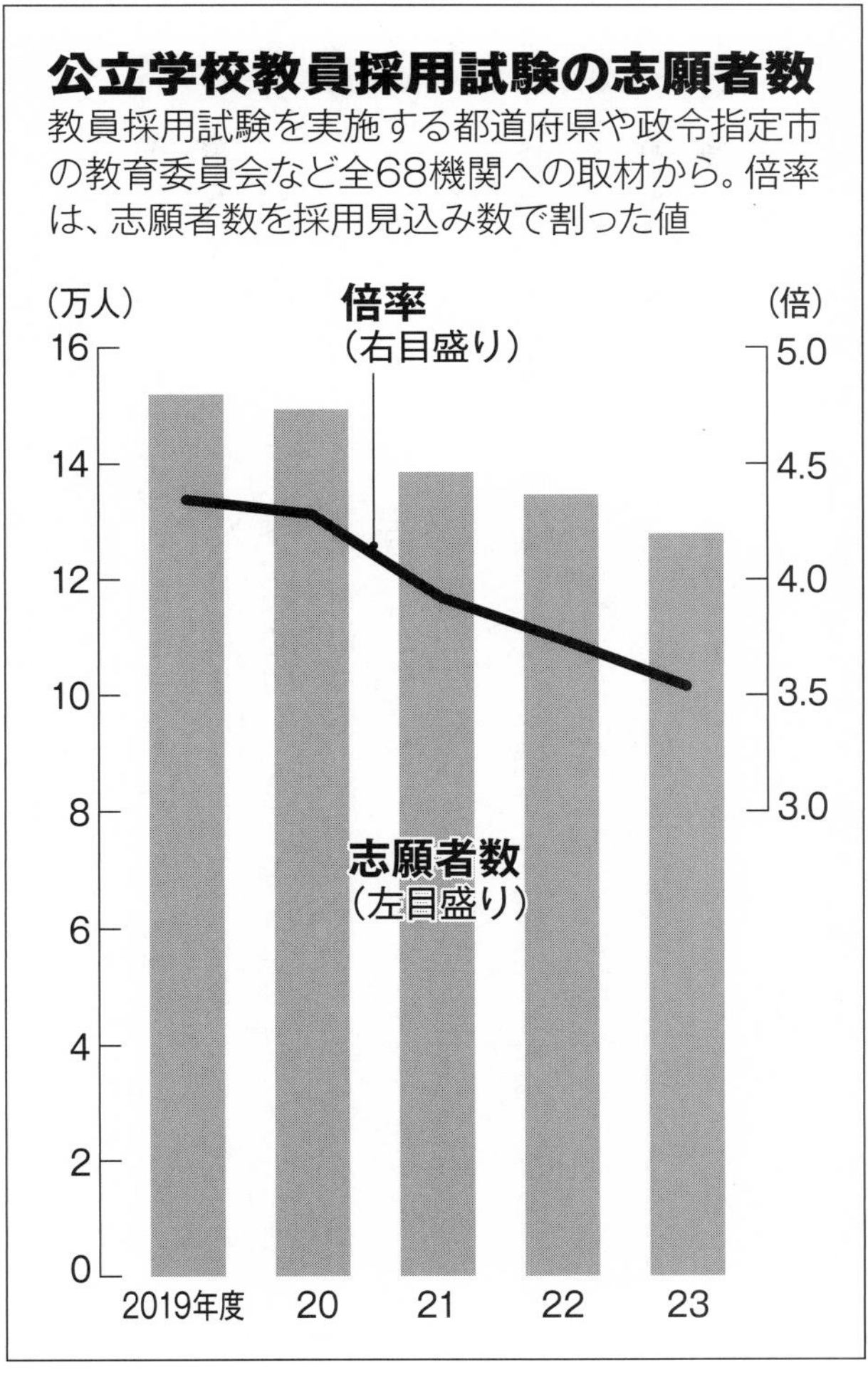

公立学校教員採用試験の志願者数
教員採用試験を実施する都道府県や政令指定市の教育委員会など全68機関への取材から。倍率は、志願者数を採用見込み数で割った値
(万人)
倍率
(右目盛り)
(倍)
16
14
12
10
8
6
4
2
0
5.0
4.5
4.0
3.5
3.0
志願者数
(左目盛り)
2019年度
20
21
22
23

どに取材して集計したところ、小学校の受験者は全国で約3・9万人。大分県では受験者数198人が採用見込み数の200人を下回る「定員割れ」までが起きた。

朝日新聞は、23年度実施の採用試験の志願者数についても調査。全国で計12万7855人で、前年度から6061人（4・5％）減った。23年度実施を含む過去5年間の志願者数についても聞いたところ、全国68機関のうち6割近い38機関で、23年度試験の志願者数がこの5年間で最低となった。小中高校、特別支援学校、養護教諭など全ての試験区分の志願者数は、19年度（計15万1372人）から23年度にかけて2万3517人（15・5％）減少した。

23年度実施の試験の志願者数がこの5年で最低だった38機関のうち、24機関はこの5年に限らず、把握できた範囲で過去最低となった。また、68機関のうち半数の34機関は志願者数を定員で割った倍率もこの5年で最低だった。

志願者数が減った理由について選択肢を示して複数回答可で聞くと、「教員の長時間労働などの問題が知られ、大学生から教職が敬遠されている」を選んだのが30機関と最多で、29機関が「教員以外の業種の採用拡大による競争激化」を選んだ。6機関は「減少傾向にない」と回答した。

教師の労働環境に不安を抱く学生たち

このような異常事態が続く理由はなんなのか。

文科省の説明は主に、「ベテランの大量退職で、採用者数が増えたことが倍率低下を招いた」というものだ。「第2次ベビーブーム」(1971~74年)世代が小学校に入学した70年代後半ごろから大量に雇われた教員が40年ほど経って定年を迎え、それを補うために採用を大幅に拡充。それが採用数の増加につながり、倍率の分母が増える形で低下につながったというわけだ。

受験者数が減った理由についても、文科省は同じ大量採用がもたらした現象だと説明する。

倍率が高かった10年ほど前は、多くの教員志望者が採用試験に不合格になっていた。不合格者は学校で任期付きの臨時的任用教員などをしながら正規教員への採用に再チャレンジするのが一般的で、こうした既卒生が受験者数を押し上げていた。だが近年、採用枠が拡大したことで既卒生の採用が進み、再チャレンジ層が薄くなったことで受験者数が目減りしたのだという。

確かに、受験者数のうち新卒生だけに着目すると、小中高校とも横ばいか若干の増加が見られ、主に減ったのは既卒者だといえる。文科省によると、小学校の受験者のうち新卒（大学4年生）は、11年度実施の1万7001人に対し、21年度実施は1万7484人。一方の既卒者は11年度の3万8599人に対し、21年度は2万3157人と大幅に減った。

文科省のこうした説明をそのまま受け止めれば、受験者数の減少は大量退職・大量採用の時期に起きる一時的な問題であって、大量退職の時期が去れば自然に解消されることになる。だが、それだけなのだろうか。

文部科学省が22年2〜3月に実施した委託調査で、教職課程を履修《りしゅう》しながら教員免許を取得しなかった大学4年生にその理由を複数回答可で聞いたところ、26・3％が「学校関係者から得た情報で職場環境や勤務実態に不安を持った」を挙げた。最多は「民間企業などへの志望度が高まった」(49・6%)だが、「報道で得た情報で職場環境や勤務実態に不安を持った」(20・2%)、「SNSで得た情報で職場環境や勤務実態に不安を持った」(17・3%)との回答も目立ち、労働環境に懸念を抱く学生が多い実態が浮かんだ。

岐阜県教育委員会が23年3月、教育学部に在籍しているか、教職課程を履修した県内の大学の4年生を対象に実施した調査では、教員以外の進路を選んだ学生の79・0%が、理由として「休日出勤や長時間労働のイメージがある」を挙げた。「職務に対して待遇(給与など)が十分でない」との回答も64・4%に上った。最多だった「他にやりたい仕事がみつかった」(88・4%)に続き、労働環境への懸念が2、3番目を占めた。長時間労働の実態が知られたことが要因ととらえる大学生が多いことがうかがえる。

佐久間亜紀・慶應義塾大学教授(教育学)は教員採用試験受験者数の減少について、「労働環境への懸念が学生の間で広がっていることに尽きる」と話す。そもそも教職は、人をケアする「感情労働」で、子どもや保護者への細かい気遣いが求められる分、心がすり減りやすい。そのうえで長時間労働が求められており、学生が「自分には無理だ」と思ってしまいがちだという。業務削減などの働き方改革に取り組む自治体や学校も少なくないが、多くの学生に変化が感じられるほど抜本的な動きにまではまだ至っていない。

既卒者の受験者数が減ったことについては、近年の採用枠の拡大に起因する面はあると認めつつ、「『浪人』してまで採用試験を受け続けるほど教職に魅力を感じず、他業種に流れたという側面もある」とし、背景にあるのはやはり長時間労働だと指摘する。

また、新卒予定の大学4年生の受験者数が減っていないことについて、「教育学部などでは大学側が教員採用試験の受験を勧めるケースがある」として、新卒の場合は教員になる気があまりない学生も受験している可能性があるという見方も示す。

採用試験の門戸を広げる自治体

教育委員会は教員のなり手を確保しようと様々な工夫を凝らす。

2023年度実施の採用試験の志願者数が直近の5年で最低だった埼玉県。2023年度実施の試験から、教員免許がなくても受けられる試験を始めた。県教委によると、民間企業などで正規雇用されて5年以上勤務した人が対象で、合格した場合、2年間の猶予期間中に大学などで単位を取り、教員免許を取得すれば教壇に立てる。

近年、志願者減少で倍率が低迷し、教員の質が懸念される状況だった。そこで「高い資質、能力を持つ人材に来てもらうため、裾野を広げて志願者を増やすしかない」(担当者)と考えたという。新たな試験区分の名称は「セカンドキャリア特別選考」。志願者数は全試験区分の合計5517人のうち242人だった。

同様の取り組みは山口県でも23年から始まった。猶予期間中に免許を取ってもらう。年間26万円を上限に免許取得のための学費を補助するのが特徴だ。23年度実施の試験は定員5人に20代から50代までの57人が志願し、倍率は11・4倍。県教委の担当者は「反響は大きかった」と話す。

従来は大学4年生だった試験の対象を、3年生に広げる動きもある。

東京都教委は23年に初めて、3年生向けの試験を実施した。1次の筆記試験の一部を受けて合格すると、4年次の試験ではその部分が免除される。1次試験は例年7月にあり、直前に教育実習があることが多い。4年生になってからの負担を軽くして志願者増につなげたい考えだ。初回の23年は3年生2540人が受験した。都教委の担当者は「東京都の試験に意識を向けてもらい、来年の受験につながれば」と話す。

横浜市教委は以前から大学推薦による1次試験免除を導入していたが、23年の試験では3年生も対象に加えた。8～9月に2次試験を実施し、民間企業の多くが内定を出すよりも早く、10月に合否を伝える。

担当者は「教員採用試験の時期が遅いという理由で民間や他の公務員に流れてしまうのは残念。先生になりたい人に機会を増やしていきたいと考えた」。合格で学業がおろそかにならないよう、4年生の4月に、それまでの大学の成績が推薦基準に達しているか確認するという。

試験の範囲を大幅に縮小した教委もある。
新潟県教委は23年から、小学校教員の1次試験のうち、教科に関する試験の出題範囲を、国語、社会、算数、理科、英語の5教科から、算数と国語の2教科に絞った。これまでも小論文や実技の試験をなくすなどしてきたが、内容自体を削減することでさらに受験しやすくした。担当者は「教員の質の低下につながらないよう、2次試験では時間をかけて面接し、適性を丁寧に見きわめる」としている。

鹿児島県教委は23年度から新たに設けた「大学推薦特別選考」で1次試験を免除する。小学校教員の志願者で、県教委が指定する全国の大学の推薦を得た人が対象だ。同県は離島やへき地も多く、人材確保が困難だといい、担当者は「成績優秀な学生の確保が狙い。県内外から一定数の応募があり、効果を実感している」

教員経験者を優遇する自治体も。奈良県教委は、県内の公立学校の常勤講師として3

年以上（23年度末時点）の勤務が見込まれる現役講師を対象に、1次試験の全てを免除する制度を設けた。

文部科学省は教員免許の取得を目指す学生の負担軽減に取り組む。

小中学校教員を目指す場合、4年制大学の卒業者は「1種免許」、短大卒業者は「2種免許」を取得するのが一般的で、2種の方が取得に必要な単位数が少ない。例えば、小中学校の1種免許は取得するのに67単位必要だが、2種であれば小学校は45単位、中学は43単位で済む。1種も2種も教員として指導できる範囲に違いはないが、1種を管理職になるための要件としている自治体もある。

文科省によると、1種免許の取得に必要な単位が多く、留学などとの両立が難しいとの声が出ていた。そこで、2種免許を取れる課程を4年制大学にも設置できるようにする。2025年度から新設可能になる方向だ。同省の担当者は「留学を含め多様な経験をした人に教員になってもらうことが当初の狙いだった。結果的に、教員志願者増にもつながるかもしれない」とする。

教員の質低下を懸念する声も

こうした対策は、いずれも教職へのハードルを下げ、従来であれば履修しなくてはならなかった大学の単位や、しなくてはならなかった試験対策を省くものだ。そうなると、次に心配になるのは、「教員の質が下がるのではないか」ということだ。何をもって「教員の質」とみなすのかは実は難しく、質が低下しているという直接の証拠を取材を通じて見いだせているわけではない。

ただ、中堅やベテランに取材すると、「教員への熱意が低い」「コミュニケーションが苦手」といった形で質の低下を嘆く声が上がる。

識者も懸念する。

岩田康之・東京学芸大学教授（教師教育）は、「試験の免除や範囲縮小を乱用すると、基礎学力が不足した学生が教員になり、教育の質が低下する恐れがある。特に私立大では大学入試で文系の一部の教科しか受験せず、数学や理科の基礎知識がほとんどない学生もいる。こうした学生が1次試験を免除されて小学校の教員になり、間違ったことを子どもに教えてしまうことを危惧する」と話す。

大学の推薦を受けた3年生に合格を出す制度については「2年後に教壇に立てるかを見きわめるのは困難と言わざるを得ない。大学の教員養成のカリキュラムは4年間で構成されており、学んだことは職業に直結する。3年生になるまでの成績がよくても、その後、適性がないことが判明することがあるかもしれない」と懸念を示す。

そのうえで、岩田教授は教育委員会に対し、「まずは、学生が教員になるかどうかを決めるに当たってどのような点を重視しているかをきちんとリサーチしてもらいたい」と注文する。「試験の一部免除といった、教員の質の低下につながりかねない施策に取り組まざるを得ないのは、財政難を背景に、お金をかけないようにした結果だろう。しかし、行きすぎれば子どもの学習に影響がでかねない。どのような働き方を望み、どの程度の待遇や福利厚生があれば選ばれるのかを調べれば、いい人材を集めるには手当の増額なり、人員配置の充実なり、必ずお金が必要であることがわかるはずだ」と指摘する。

教員を目指す学生だけでなく、社会人にも目指してもらえるような工夫の重要性も説く。

「社会人で教員になりたい人向けに、入職前の短期研修プログラムを提供することが考えられる。教育の世界は特殊で専門性が高く、他業種からいきなり飛び込むことに抵抗を感じる人は一定数いるとみられる。研修期間を設けることで、こうした抵抗感を和らげるとともに、質の向上も期待できる」と話す。

教員免許のない社会人向けに、採用の際に特別免許状を与える制度はいまもあるが、現状では採用と同時にいきなり教員としての全ての役割を担うことになるため、まったく教育と関係のない分野から転職する人材にとってはハードルが高いという。「この制度にも『仮免許』をつくり、研修プログラムと一体化させて段階的に入職できるようにすれば、免許のない人も挑戦しやすくなる」

本当に必要なのは、学校や行政が取り組んでいる長時間労働の是正を、より目に見える形で進めること、そのために正規教員の増員を進めることだという。ただ、それには時間がかかる。岩田教授は続ける。

「効果がより速く出るのは待遇面の改善だ。住居や勤務地などへの手当といった、教育委員会の予算でできることにまず取り組むべきだ。『お金は関係ない』という学生もいるかもしれない。特に、志望度が高く教員になると決めている学生にとっては待遇はあまり関係ないだろう。一方で、浮動層の学生には一定の効果はある」と言う。

教員志望度の高い学生に向けた対策も提案する。「近年、教育学部で教育の様々な課題やその背景をきちんと学んだ学生の一部が、公立校ではなく、私立校の教員になろうとする傾向があるように思う。公立校に勤務し、私立校に転職するケースも少なくない。こうした学生が目指す私立校は、探究型の学習や不登校生への個別学習のフォローなど先端的できめ細かな教育実践に取り組んでおり、これからの教育を創る意欲にあふれた学生のニーズに応えている。公立校も前例踏襲や事なかれ主義を打破し、向上心のある学生から選ばれるようにしなければならない。例えば、自己充実のために持ち場を離れて学べる有給の研究休暇をつくることなどが考えられる」という。

教員不足の顕在化。教員1人が2クラス同時に授業を受け持つ中学も

教員採用試験の受験者数の減少や、採用倍率の低下が学校に何をもたらすのか。

昨今、最大の問題とされているのが「教員不足」だ。産休や育休、病休などで代わりの教員が必要になったり、通常学級よりも多くの担当教員が必要となる特別支援学級が増えたりした場合に、担い手の教員が見つからない状態を指す。

文科省が2022年1月に発表した調査結果によると、2021年4月時点で、全国の公立小中学校、高校、特別支援学校の5・8％にあたる1897校で2558人が不足していた。小学校の学級担任が474人（同年5月時点）足りず、校長や教頭らが代わりに授業をしたという。

文科省はその後、数字を計上する教育委員会に負担がかかるという理由で同様の調査はしていない。朝日新聞が2023年5月に教員人事権のある47都道府県教委と20政令指定市教委、大阪府から教員人事権を移譲された豊能地区教職員人事協議会の計68機関

を対象に、4月時点の教員不足の状況を取材したところ、判明しただけで34機関で小中高、特別支援学校のいずれかに計1494人の欠員が生じていた。

このうち前年4月より増えていたのは、小学校では東京都教委（約50人→約80人）や青森県教委（52人→73人）など14機関、中学校では北海道教委（13人→23人）や大阪府教委（11人→19人）など19機関だった。一方、26機関は4月時点の不足数をそもそも把握していなかったり、集計中だったりして不明で、実際の不足数はもっと多い可能性がある。

朝日新聞教育班では文科省の2022年1月の発表以降、22〜23年にかけてその実態について各地の公立学校の校長や教員に話を聞いてきた。

欠員が出て、教頭が管理職としての業務をしながら担任を受け持つケースや、算数の学力別少人数指導教員が代わりに担任に入り、少人数指導ができなくなるケースはざらだった。なかには、病気で休む教員の穴埋めができず、授業の一部が自習になってしまった小学校もあった。年度途中に教員が何人も来られなくなり、1人の教員が2クラス同時に授業を受け持った中学校もあった。欠員を穴埋めすることで教員がさらに多忙に

小学校で学級担任の不在（474人）を誰がカバーしたか 2021年5月1日時点

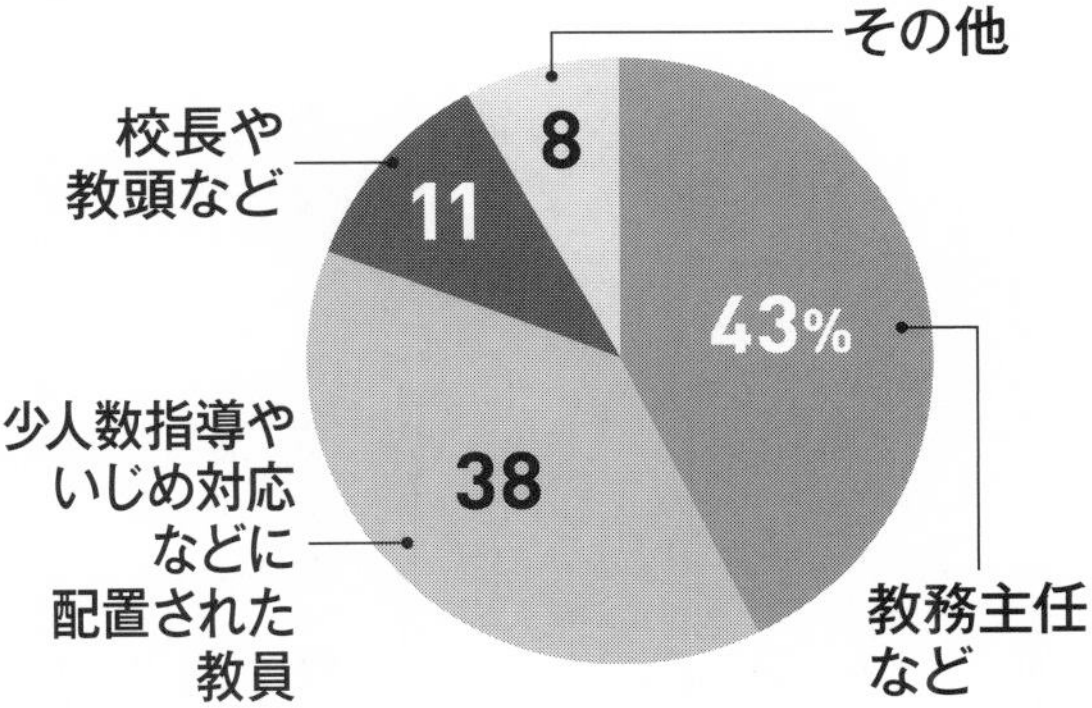

教員不足の要因についてのアンケートの主な結果

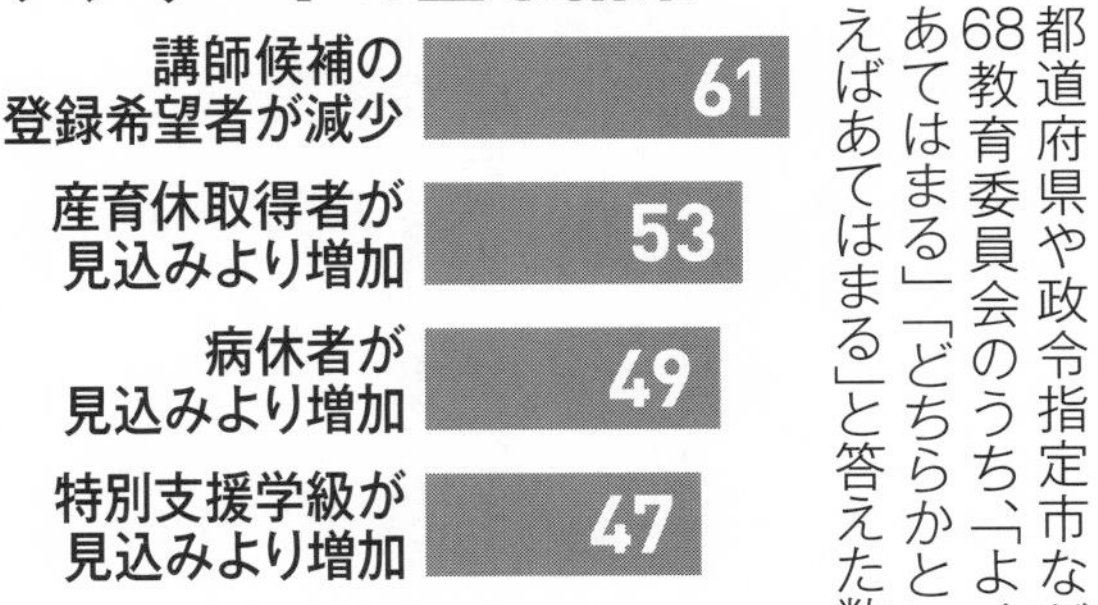

都道府県や政令指定市など68教育委員会のうち、「よくあてはまる」「どちらかといえばあてはまる」と答えた数

いずれも文部科学省まとめ

なり、別の教員が病休するという負の連鎖が生じた事例もあった。

いずれにも共通するのは、子どもが受けられるはずの授業が満足に受けられず、学びにダイレクトに悪影響が出たという事実だ。ことは単なる一業種の労働問題ではなく、日本の公教育の質が問われる事態だということだ。

教員不足が起こる理由について文科省や教育委員会に聞くと、近年の大量採用により、20~30代の若手が増えて産休や育休の取得も増えたこと、より多くの教員配置が必要となる特別支援学級に所属する生徒が増えたことが一因だと説明する。もちろん、それだけにとどまらない。なり手が減っているのだ。

特に産休や育休、病休などが出た場合のピンチヒッターは、期限付きの講師などの非正規教員が務める場合が多い。非正規教員は教員OBが担うケースも多いが、教員採用試験に不合格になり、正規教員を目指して再チャレンジする人が担うケースも多い。教員採用試験の受験者数減少で不合格者も減ったことで、この「再チャレンジ層」が薄くなってしまったことが背景にあり、このことは文科省も認めている。教員採用試験の受験者数低迷の影響が、具体的な形で出ているのだ。

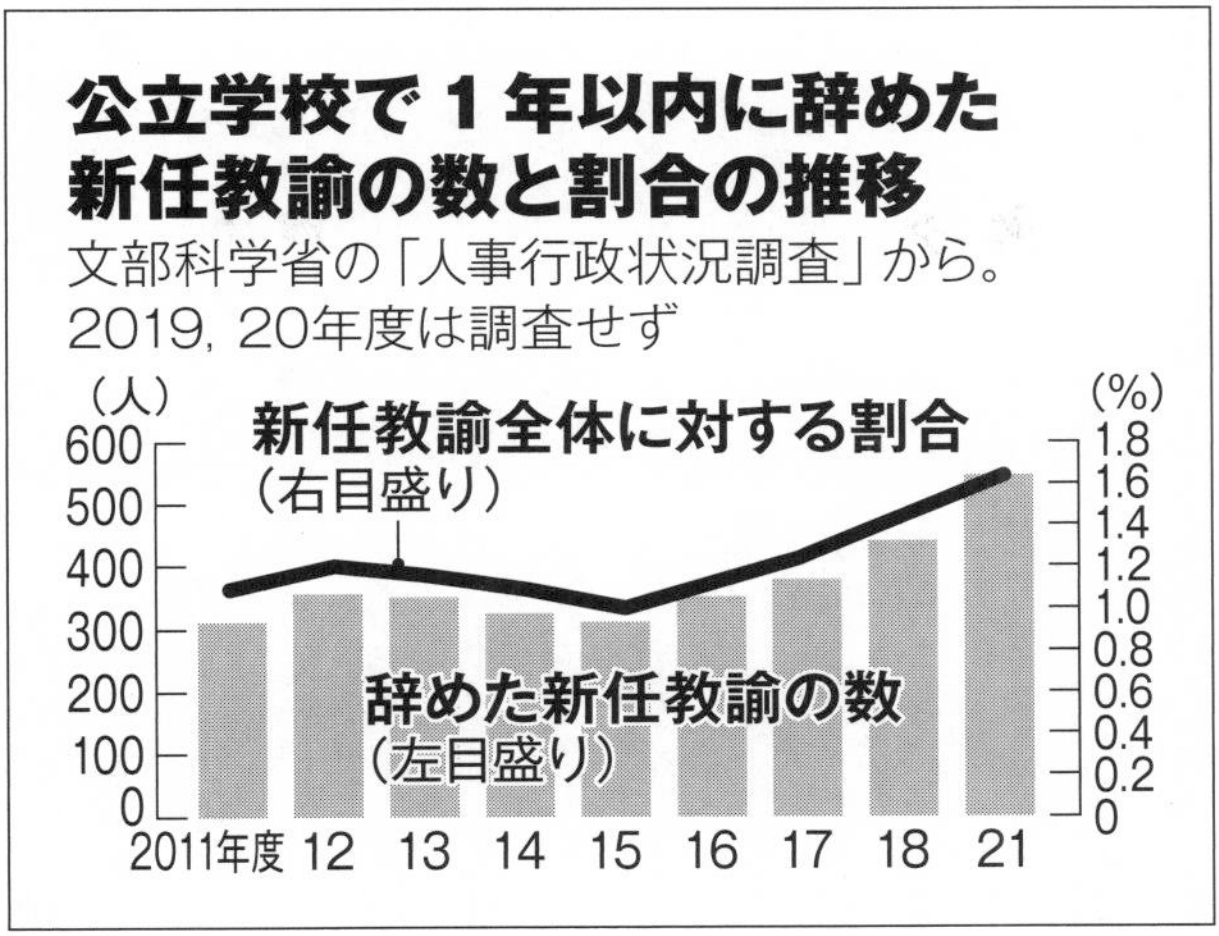

教員志望度の高い学生を増やし、教員採用試験の受験者数を確保することは、教員不足を防ぐという観点から見ても非常に重要な課題と言える。

新人教員の離職が増えている

教員採用試験の受験者数が減り、採用倍率が低下するなか、1年目の新任教諭の退職が増えている。

文科省の全国調査では、1年以内に辞めた新任教諭の数は、2021年度分で計539人（全体の1・61%）。うち精神疾患で辞めたのは197人で、データのある09年度以降で最多だった。転職などの自己都合で辞めたのは287人だった。前回18年度調査（19、20年度は新型コロナの影響で調査せず）と比べると、自己都合は12人減ったが、精神疾患は104人から倍増した。

地域によっては増加の兆候がある。

教員採用数が全国最多の東京都では、22年度に正規採用した公立の小中高校、特別支援学校などの新任教諭2429人のうち108人が23年3月までに辞めた。全体の4・4％で、割合は過去10年間で最高だった。

都教育委員会によると、全体の約4割が精神的な不調を退職理由に挙げたという。担当者は「転職などの『進路変更』を理由とする退職も多い」としたうえで、心を病む若手が多い理由について「学習指導や保護者対応は苦労も多い。他の教員も多忙で悩みを打ち明けづらく、抱え込んでしまうケースもある」と話す。こうした新任教諭の退職は、都内の公立小学校で生じた教員不足の一因となったという。

このほか、三重県でも22年度に新任教諭の8人（全体の1・6％）が辞め、過去10年で最多となった。県教委によると、懲戒免職となった1人を除く7人は精神疾患が原因だった。担当者は「過去と比べて精神疾患が原因のケースが多い」。栃木県では12人、広島市では8人が辞め、いずれも過去10年で最多となった。

新任教諭の実態はどうなのか。

「睡眠時間が少なく、子どもたちと接するときの余裕がなくなることがつらい」

関東地方の公立小学校に2023年4月から勤務する20代の男性教諭に、同年6月に取材したところ、そう話した。

学級担任を持ち、始業から子どもの下校までは授業や子どもへの対応で精いっぱい。その後も仕事は山積している。保護者名簿づくりや掲示物の作成、新任教諭向け研修の報告書作成……。平日に夜遅くまで残業しても終わらず、だいたい土日のうち1日は出勤している。「1年目だから有給休暇もとりにくい」。4月の残業時間は、文部科学省の指針で「特別の事情」があっても達してはならないとされる100時間を超えた。

5月からは早めに退勤するように心がけたが、終わらない仕事を持ち帰っているため、実質的な残業時間は変わらない。動悸《どうき》を感じるようにもなった。

男性が驚いたのは、学生時代に思い描いた教員の働き方との落差だ。「教育実習のころ、この大変さは見えていなかった。知識として授業以外の実務が多いことは知っていたが、想像以上のギャップがあった」

30人以上の子どもを預かっているという責任を感じており、取材時点では辞めようとまでは思わないという。ただ、クラスの落ち着きのない子どもから殴られるなどのトラブルがあると、辞職も頭をよぎるという。

関東地方の公立小に勤務する新任教諭の女性(22)はすでに退職を考えている。理由は残業が月80時間に上る多忙さだけではない。保護者から「子どもがいない先生には子どもの気持ちがわからない」といったクレームがあり、精神面で大きなダメージを受けた。なるべく先輩から助言はもらうようにしているが、忙しそうで、はばかられることがある。「このまま続けるのは正直無理だと思う」

首都圏のある公立中では2023年春、着任から1カ月たたずに新任教諭が出勤できなくなった。同校の教員の一人は「周囲の教員に余裕がなく、サポートする態勢が不十分だったと感じる」と話す。この新任教諭は遅くまで学校に残り、授業の準備や部活の顧問、授業以外の雑務などを頑張ってこなそうとしていた。ただ、指導役の教員からの具体的な助言が少なく、どう動いたらいいかわからない様子だった。

出勤しなくなったことで生じた「穴」は、管理職らが埋めて5月を乗り切った。「どの教員も日々、自分の仕事に追われている。それもあって新人が出てこられなくなり、さらに多忙になった。まさに悪循環です」

新任教諭の退職増の原因は何か。文科省は若手の精神疾患が増えているとして「増加する不登校への対応など業務が複雑化、困難化しているうえ、近年、人数が多いベテラン層が大量退職するのと入れ替わる形で若手が増え、支援が不十分になっている可能性がある」と分析する。

教員の精神疾患は、長時間労働も関係する非常に重大な問題で、今後、教員の心の健康の向上は非常に重要なテーマになる。文科省も、メンタルヘルス対策を強化する自治体に財政支援をする事業に乗り出している。

ここではさらに、自己都合による退職の多さにも着目したい。

自己都合退職をしたなかには、故郷など別の自治体で教員になったケースもあれば、民間などに転職したケースもあると聞く。このことは、採用試験の倍率が下がったことで、志望度が高かった他の職種や、勤めたい自治体の教員には進めずに、仕方なく別の自治体で教員になった、「不本意就職」の状態にある若手教員が増えたことを示しているのではないか。「不本意就職」の全てが悪いわけはない。ただ、採用試験の倍率低下などを背景に、教員への志望度が低い若手教員が増えたことと関係しているということはないだろうか。


民間企業では、新卒1年目で退職する割合は1割程度と高い数値にある。教員の場合は既卒生が採用試験を受けるケースも多く、新卒ばかりではないため単純比較はできないが、増えたといってもまだ1・61％（21年度）にとどまり、まだ少ないともみることができる。公務員でも、20年度の総務省の地方公務員給与実態調査で、退職した25歳未満の一般行政職員は全体の2％程度と、ほぼ同様の水準だった。

ただ、教員は免許取得のために大学で多くの単位をとらなければならない現実がある。負担の重い教育実習もある。採用試験も簡単ではなく、ハードルの高さから、教員にどうしてもなりたいという志望度の高い人が集まりやすい業種だともいえる。そんななか、1年も経たないうちにやめる教員が増えているというのは、採用倍率が低下していることと何か関係があると考えても不自然ではないといえよう。文科省は新任教諭の退職増の理由については「はっきりしない」としているが、分析を急ぐべきではないだろうか。

専門家の派遣、メンターチーム、採用前研修……様々な支援

事態の深刻化を受け、各地の教育委員会は新任教諭の支援に力を入れる。

東京都教委は23年度から、各校に臨床心理士などを派遣し、小学校の新任教諭全員に必ず面談を受けさせることにした。以前から、新任教諭をサポートする「新人育成教

員」を配置し、一緒に学級運営してもらう取り組みを続けてきた。ただ、新任教諭の退職者数は増加傾向にあり、都教委は精神面での支援が必要と判断した。都教委幹部は「全員が必ず面談を受けることで、自分では相談の必要性を感じていなかった人でも『もっと休むべきなんだ』などと気付くことができる」と効果を期待する。

川崎市でも22年度から市立の全校を対象に、新任教諭全員と希望する教職員らのメンタルヘルスの相談に応じるため、看護師や保健師を学校に派遣している。精神疾患などで若手が1カ月以上の長期療養が必要になるケースが目立つため、一部で20年度から始めた相談対応を全校に広げた。担当者は「学校を訪問して直接会うことで、SOSを出してもらうきっかけになると思っている」と話す。

山形県教委は23年度から、小学校で新任教諭に学級担任を持たせないようにする取り組みを始めた。県内の公立小223校のうち規模の大きい39校で実施。代わりに担任を務める教員の確保のため、23年度予算に2億円余を計上した。39校に配属された新任教諭は、副担任を務めたり、一部の教科の授業を担ったりしながら経験を積む。ほかの小学校でも、担任を持つ1年目の教諭の授業の一部を肩代わりする非正規教員を配置する。

山形県では、採用から5年目までの教諭の退職者が、17年度は13人だったが、21年度は30人に増えた。

大学を出たばかりの新卒者を含め、1年目の教諭が担任を務めることは多く、若手の退職増の一因と見られてきた。学校側からも「社会経験のないなかで担任をするのは負担が重い」という声が上がっていたという。

県教委の担当者は「教員を長く続けてもらうため、負担軽減が必要と考えた。こうした支援があると大学生にも知ってもらい、採用試験の受験者数の増加にもつなげたい」と話す。

神戸市では、23年4月着任の新任教諭ら向けに2月、初めて「採用前研修」を実施した。10日前後の研修で授業のやり方などを講義。新人同士で集まることで、悩みなどを共有できるつながりが作れたと好評だという。神戸市では、23年度の新規採用者数を前年度の約2倍にあたる451人に増やした。教員不足の影響が昨年から出始めたためだ。研修の導入は、例年より多い新任教諭に対応するためでもあるという。

市教委の担当者は「初任の先生は特に不安が大きいと思うので、採用前研修で少しでも和らげば」と話した。

宮崎県教委は、若手や中堅、ベテランなど各世代の教員からなる「メンターチーム」を作って新任教諭を指導している。

増加する「心の病」による休職

若手が追い詰められていることは、心の病による休職の多さからもうかがえる。

文部科学省の調査では、21年度に「心の病」で休職した公立の小中高校などの教職員は前年度比694人増の5897人で、過去最多を更新した。5000人を上回るのは5年連続。1カ月以上病気休暇を取っている人を合わせると1万9444人に上り、初め

心の病で休職した教職員数の推移

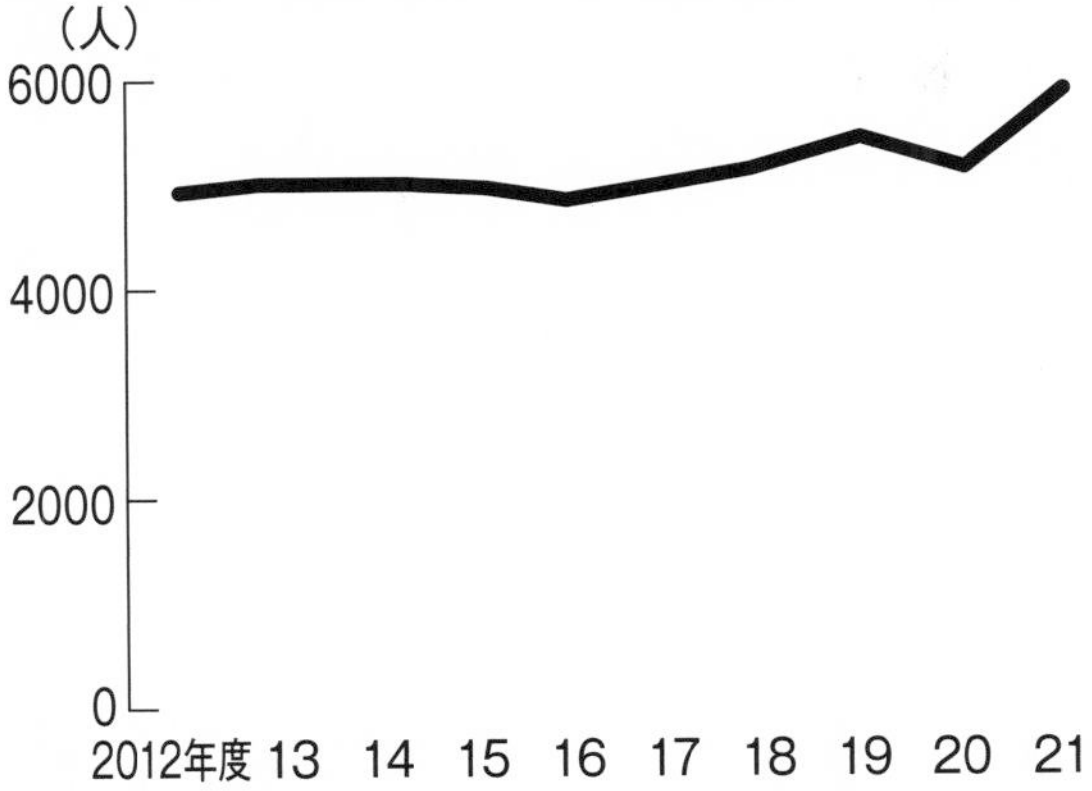

心の病で休職または1ヵ月以上休職を取った教職員の年代別割合

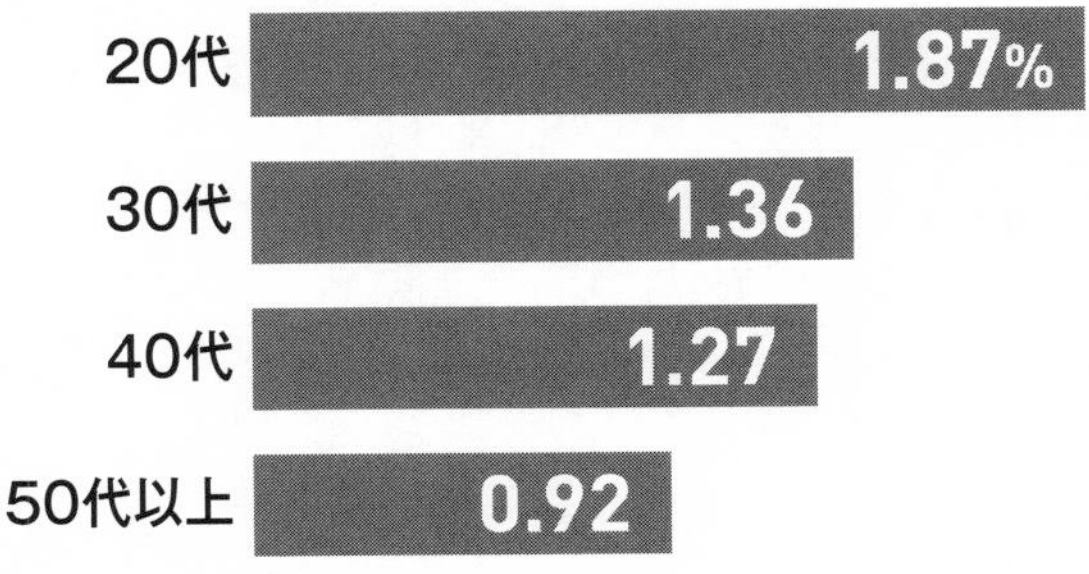

文部科学省の発表から、2021年度

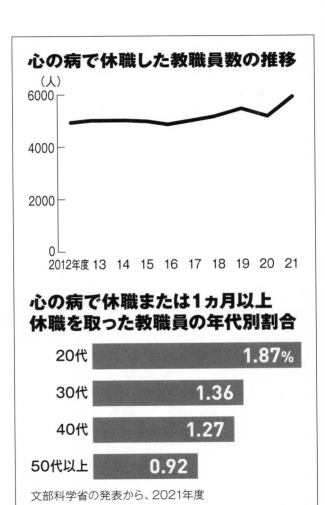

て1万人を超えた。

精神疾患による休職者と、1カ月以上病気休暇を取った人を合わせた数は、20年度から1448人増えて1万944人。うち20代は2794人で、この年代の在職者に占める割合は1・87％と年代別で最多だった。30代は2859人で1・36％、40代は2437人で1・27％。50代以上（2854人、0・92％）と比べると、若い世代で目立つ。

文科省の担当者は「業務量が一部に偏ったり、コロナ禍で教職員間のコミュニケーションが取りづらくなったりしている」と指摘。また、若手の相談相手になってきた40代の中堅が、採用数が少なかったため層が薄く、悩みを抱える20～30代を支えるのが難しくなっている、と説明する。「管理職が目配りしたり、教職員がストレスチェックなどにより自身で心身の状況を把握したりする取り組みを促したい」と話す。


関東地方の公立小学校に勤める30代前半の女性教諭は22年度、ある学年でクラス担任を務めてほしいと管理職から頼まれた。この学年は以前から、暴力をふるう子や授業中に座っていられない子が少なくない。このため担当する教員が対応に苦慮してきた。体調を崩して休む教員もいた。

不安を感じたが、管理職から頭を下げられ、引き受けた。まずは子どもとの信頼関係を築く。新年度が始まる際、そんな目標を立てた。プレッシャーを感じていた。

担任としての日々が始まった。子どもたちから目を離せばすぐ、けんかやトラブルが起きた。自分がいない間に何かあったら、と思うと、休み時間も教室を離れられなかった。昼休みも校庭などで見守った。子どもがいる間はトイレに行くことや水分補給も我《が》慢《まん》した。

子どもたちが下校すると、行事の準備や事務作業に追われた。長い会議もよくあった。午後7時ごろになってようやく、提出物のチェックや授業準備といった「自分の仕事」に取りかかれる。退勤は毎日、午後10時ごろになった。連日、在校時間は15時間ほどに上った。注意して見守っていたからか、幸い大きなトラブルは起こらなかった。次は子ども同士の関係を深めてもらおうと考え始めた矢先、体に異変が起こり始めた。

胸が痛み、息が苦しい。帰宅途中、しゃがんで動けなくなることもあった。クラスをよくしたい、子どもを導きたい。そんな意欲も失われていた。

ある朝、いつものように支度を終え、出勤しようとしたが、体がまったく動かなかった。涙がとまらず、学校には行けなかった。病院で精神疾患との診断を受け、当面、休職することになった。

休み始めると、罪悪感に苦しんだ。子どもに申し訳ない。クラス担任の自分が不在になったことで、同僚にも負担がかかっているだろう……。保護者からの信頼がどうなるかも心配だった。教員として、忙しいながらも成長する子どもの姿にやりがいを感じてきたし、仕事は楽しい面もあった。休まざるを得ないのは不本意で、つらかった。

なぜこうなってしまったのか。振り返ると、クラスを1人で抱え込み、孤立していたのかもしれない。学校では病気などで休む教員が数人いて、欠員の補充もされなかった。校長や教頭といった管理職も授業を受け持たざるを得ない状況だった。

ほかの教員もほぼ全員が学級担任。それぞれが手いっぱいだった。クラスをどうするか、相談できる人はいなかった。管理職は、支援する人材をクラスに入れるなどの配慮はしてくれなかった。

「もっとサポートがほしかった。仕事が必要かどうか考え、量をもっと絞ってほしかった」。振り返って、そう思う。

ベテラン教師が倒れるケースも

若手が孤立する学校がある一方で、ベテラン教員が疲れ果てて倒れるケースもある。

中部地方の公立小の50代男性教諭は、教務主任だった21年12月、学校に行けなくなった。学級担任ではなかったが、特別な支援が必要な子をサポートしたり、コロナで休んだ教員の代わりに教壇に立ったりと、日中はほとんど職員室にいられない。合間には、ほかの教員から様々な報告や相談を受けた。

午後5時を過ぎてから、教務主任としてのデスクワークにとりかかる。教育委員会や文科省への提出書類の山をさばき、退勤は遅いと日付が変わる頃に。出勤から退勤まで、ほぼ休憩はなかった。周到な準備が必要な研究発表を任されたため、自宅でもパソコンに向かった。

職場には大学を出たばかりの新人教員もいた。教え方などを指導する立場でもあるが、自身の仕事に忙殺されてほとんど気にかけてあげられなかった。

経験が浅い間は、子どもに言い過ぎてしまったり、よかれと思ってしたことが裏目に出たり、どうしても失敗が多い。かつては放課後、教員同士でゆっくり話すことがよくあった。若手は先輩に様々なことを質問し、助言をもらっていた。

いまはそれぞれ抱える仕事が多すぎて、その時間をつくるのが難しくなった。男性教諭の21年10月の時間外勤務は、仕事を持ち帰って自宅で仕事をした時間も含めて140時間に上った。2019年に文科省が出したガイドラインで、教員の時間外労働は「月45時間、年間360時間」と上限が決まった。繁忙期でも、連続する月の平均が80時間を超えてはならないとされる。

21年12月中旬の土日の両方に長時間勤務したあと、学校に行けなくなった。うつ病との診断を受け、休職した。

男性教諭はいま、文科省の姿勢に疑問を感じている。20年度からの小学校の学習指導要領では、英語の授業時数が増えたうえ、プログラミング教育や探究学習など、新しい要素も加わった。情報端末の導入やコロナの健康報告などやることはどんどん増える。

一方、この業務をやめてよい、という指示はほぼない。やることを減らさないまま時間外勤務の削減は現場に押しつける。文科省の姿勢について、男性教諭にはそうみえる。「学習指導要領の改訂で授業時数を減らすなど、抜本的な対策が必要ではないか」と話す。

心の健康を失う教員が増えるのはなぜか。

教員の働き方改革を支援するNPO法人「共育の杜」の藤川伸治理事長は、若手教員のなかで病休者の割合が高くなっていることについて「気安く相談に乗ってもらえる中堅が少ないうえ、若手教員の面倒を見たり相談に乗ったりする職場全体の空気が薄くなり、若手にしわ寄せがきている」とみる。

1971〜74年に生まれた第2次ベビーブーム世代が成長するのに合わせて大量採用された教員が近年、一斉に退職し、それを補う形で職場に若手が増えた。前述のように現在の40代が新卒のころは特に採用が少なく、支え手が不足している状況だ。このため、若手に対して指導役になる中堅教員が少なくなっており、さらに多忙のためコミュニケーションの機会も減っているという指摘だ。

どうすればよいのか。藤川さんは、教職員が信頼できる相談窓口を都道府県教委が設けたり、市町村教委が各学校に、教職員の健康について話し合う「衛生委員会」をつくるよう促したりといった取り組みが有効だという。国には、病休者の割合が高い自治体と低い自治体との格差がなぜ生まれているのかや、なぜ若手教員に病休者が多いか、調査と分析が求められるという。

また、「各学校での、安全衛生に関する地道で優れた取り組みも掘り起こし、広めてほしい」と話す。


ここまで見てきたように、長時間労働の問題に起因する「教職の敬遠」、つまり教員の「なり手の減少」は、教員不足という子どもの学びの危機につながり、特に若手で心の病に倒れる教員が増える背景にもなっている。次の章では、長時間労働を引き起こすおおもとの原因とも言われる、公立学校教員に特有の制度について触れたい。

第2章　「定額働かせ放題」の制度と実態

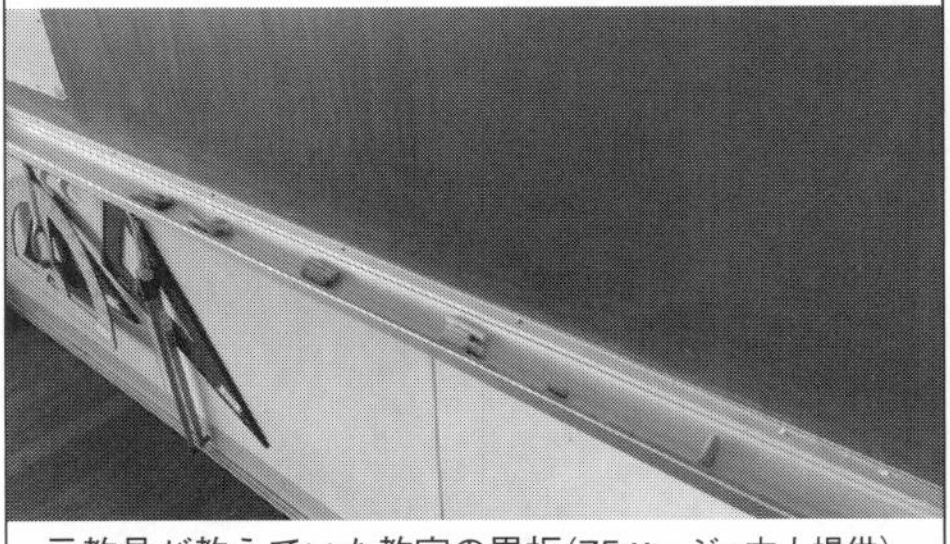

元教員が教えていた教室の黒板（75ページ・本人提供）

いくら残業しても給与額が変わらない「給特法」の実態

教員の長時間労働の背景には、公立学校教員の特異な、そしてあまり知られていない給与制度がある。1971年に成立、翌72年に施行された「公立の義務教育諸学校等の教育職員の給与等に関する特別措置法」（給特法）で規定されたこの仕組みは、一言で言えば、「基本給に教職調整額4％を上乗せする代わりに、残業代が出ない」というものだ。いくら残業しても給与額が変わらない意味で、「定額働かせ放題」と批判されている制度だ。

文部科学省によると、給特法の施行より前は、戦後にできた給与制度によって、教員の給料は一般公務員より1割程度高く設定されていた。勤務時間が一般公務員より長いとされたためだ。このときには一般公務員同様に残業代が出る制度になっていたが、文部省（当時）は校長らが時間外勤務を命じないよう通達を出し、残業代が生じないように運用されていた。

しかし、実際にはこの頃から残業が常態化していた。そのため、1960年代半ばごろから残業代支払いを求める訴訟が全国で起こされた。これを踏まえ、文部省は66年度、公立校教員の勤務実態調査を実施。その結果、小中学校の1カ月の残業（時間外勤務）は平均約8時間と推計され、①これに見合う基本給の4％を「教職調整額」として上乗せして支給する　②残業代は支給しない——ことを柱とする給特法の制定に至った。

給特法下では本来、教員に時間外勤務を命じることができるケースは、「校外実習」「修学旅行」「職員会議」「非常災害」の「超勤4項目」に当てはまる場合であって、「緊急のやむを得ない必要があるとき」に限られている。逆に言えば、それ以外のケースについては時間外勤務を命じることはできないことになっている。

ただ、実際には給特法施行後も長時間残業せざるを得ない教員はいた。超過勤務を巡る訴訟も相次いだが、残業代の請求は給特法を理由にことごとく退けられてきた。

2018年9月には、埼玉県の公立小学校教員の男性が、「教員の時間外労働に残業代が支払われないのは違法」として、県に未払い賃金として約240万円を求める訴訟を提起した。だが、さいたま地裁は21年10月の判決で、「残業しなければ業務が終わらない状況が常態化しているとは必ずしも言えない」などとして、賃金や賠償金の支払いは認めなかった。原告側は控訴したが、22年の東京高裁判決で原告側が敗訴し、23年には最高裁で確定した。

一審判決では、朝の登校指導や教室間の移動の引率などが、校長の指揮命令に基づく時間外労働であると認め、「労働時間が規制を超えている」と指摘。労働基準法（労基法）上の法定労働時間（1日8時間、週40時間）の規制を超えた労働があったと認め、さらに校長が労基法違反と認識しながら時間外労働をさせ続けた場合は、国家賠償法に基づく損害賠償の責任を負うべきだと言及した。さらに、給特法について「多くの教育職員が学校長の職務命令などから一定の時間外勤務に従事せざるを得ない状況にあり、もはや教育現場の実情に適合していないのではないか」とし、「給与体系の見直しなどを早急に進め、教育現場の勤務環境の改善が図られることを切に望む」とも述べた。

それでも、結論は原告敗訴だった。訴えた男性の多くの業務が、校長の指揮命令に基づかない自主的な行為だとみなされたからだ。

校長は、時間内には到底終わらない業務を振り分けていたとしても、具体的な業務を明示して命令しなければ責任は問われないことが改めて示された形だ。管理職が従業員である教員の働き過ぎを是正するためのインセンティブ（報酬）が働きにくく、教員の側も残業命令なしで仕事をし続けられるため、時間内に終わらせる工夫も育ちにくい。実際、教員の長時間労働が社会問題化したつい最近までは、出退勤の記録をつける学校も一部にとどまっていた。給特法下において学校で労務管理の意識が長年希薄《きはく》だったことを示していると言えるだろう。

働き方改革のため、文科省は19年、給特法を改正し、残業の上限を「月45時間」と定める指針をつくる義務を盛り込むとともに、休日を夏休みなどにまとめどりできる変形労働時間制を導入できるようにした。ただ、上限は従来あったガイドラインに「月45時間」とすでに定められており、それを指針として位置づけ直すにとどまった。

文科省はこれを「格上げ」と説明したが、現場にとっては位置づけが変わったという実感は非常に乏しかったと言わざるを得ない。変形労働時間制についても、夏休みを仮に5日とったとしても、削減される業務時間は合計で40時間に満たない。年間数百時間の時間外労働をしている多くの公立学校教員にとって、「焼け石に水」だった。そのためか、この制度はほとんど使われてない。文科省によると、23年8月時点で変形時間労働制を導入している都道府県と政令指定市の教育委員会は、12教委（17・9％）のみにとどまっている。

「残業代なし」のまま肥大化してきた教員業務のリアル

残業代ゼロの給特法の何が問題なのか。それは、近年の教員の業務の量が非常に多く、広範囲にわたってきているにもかかわらず、残業とは認められないことで管理職も含む教員全体の労務管理への意識が希薄なままであるというギャップが生まれていることだ。

具体的に教員が何をしているのか。ある若手教員の働き方を紹介する。

神奈川県の公立小学校の職員室。窓の外の夕闇が濃くなるなか、4年生の担任を務める30代男性教諭は、パソコンに向かっていた。時計を見上げると、もう午後6時を回っていた。退勤時間を1時間以上過ぎていたが、職員室では同僚の教員10人ほどが机に向かっていた。

子どもたちが下校してからこの時間まで、連絡や事務作業に追われていた。子ども同士のトラブルについて、当事者の家庭に電話で説明し、謝罪。運動会の準備に必要な作業についての打ち合わせ。遠足の書類づくりと手配のための電話かけ。子どもたちに配る予定表の作成と印刷。校内向け時間割の修正や印刷。テストの採点と記録。電話がなるたび、取り次ぎのため作業は中断する。出勤してから11時間近くたつのに、休憩はとれていない。疲れが両肩にのしかかる。昼に給食を数分でかきこんだきりで、空腹もこたえる。これ以上は、翌日に差し障《さわ》る。心の中でため息をつきながら、帰宅の準備を始めた。「きょうも自分の仕事ができなかった」

男性がやりたかった仕事とは、翌日の授業の準備だ。教員として一番大事なはずの授業がおろそかになっている。男性は、そんなうしろめたさを常に感じながら、教壇に立っている。

もとは中学の教員だった。運動部の顧問を任され、熱心な保護者の要望もあって土日も活動した。休みはほとんどなかった。やがて激しい動悸がするようになり、追い込まれていった。

「このままだと死ぬ」。続けられないと感じた。大学の通信講座で単位を取り、小学校の免許をとった。念願だった小学校に配属され、担任を任された。子どもが興味のあることを調べ、まとめて新聞をつくる。毎回ノートを提出してもらい、やる気がでるよう全てにコメントをつける。そんな姿を思い浮かべていた。

だが、授業に全力を注げないのは、小学校も同じだった。子どもが学校にいる間は、宿題のチェックや子ども同士のけんかなどへの対応に追われた。授業の合間も息をつく暇はない。学級には、ほかの子に頻繁《ひんぱん》に手をあげる子がいる。そのたびに両方の保護者に時間をかけて経緯を説明しなければならない。管理職は被害家庭への謝罪を求めるだけで、間に入ってはくれない。放課後の事務作業はどれも削れないうえ、期限もあって後回しにはできない。結局、手が回らなくなるのは授業準備や教材研究だった。

それでも、授業時間がやってくる。「次の国語、なにをやろうかな」。授業直前の5分休憩の際、職員室に戻る時間も惜しみ、教室で教師用指導書を開く。ぱらぱらとめくったあと、1分ほどで授業の組み立てを考える。教科書の文章を、授業中に子どもと一緒に初めて読んで内容を把握する。そんな「ぶっつけ」も少なくない。

事務作業の合間を縫って、入念な準備ができる授業もある。ただ、1日6コマの授業があれば、1コマ程度が限度だ。テストの採点をする時間がなく、子どもに返せず、数日が過ぎることもある。「子どもに申し訳ないけど、こんなもんなんです」

以前は教材を持ち帰り、帰宅後に睡眠時間を削って、授業準備をしていた。すると、翌日に疲労が残り、子どもにイライラをぶつけそうになった。「やっぱり自宅では休養をとらないともたない」。そう思うようになった。

どうすれば授業に力を入れることができるのか。10年以上の経験がある先輩に「準備する時間がないんです」と相談してみた。ところが、返ってきたのはあきらめの言葉だった。「ずっとそうだよ、私も。まじめにやると、体を壊すよ」。教員は誰もが余裕がなく、どこかで妥協せざるを得ない。そう思った。

仕事に追われる余裕のなさが、取り返しのつかない後悔も生んだ。同じ学校に、ある若手の教員がいた。いまにも泣き出しそうな表情で、遅くまで1人で仕事をする姿をよく見かけていた。気がかりだったが、声はかけなかった。直接の指導役ではないし、何より自分のことで手いっぱいだったから。その教員があるとき、突然出勤しなくなった。そして、そのまま退職してしまった。

若手が一定期間休むことは周囲ではしばしばあった。だが、何とか復帰するケースが多かった。学校は戻れるような職場ではなかったと言われたようで、ショックだった。「職場に絶望したってことなのか。二度と繰り返してはいけない」。以来、つらそうな同僚を見かけると、意識して話しかけるようにしている。

減らない業務量、増えない人手。教育行政への不満や怒りは常にある。それでも、教師という仕事に、やりがいはあると思っている。子どもと関わり、成長を間近でみられるからだ。自身を慕って職員室までついてこようとする子、自宅で保護者に授業の様子などを細かく報告する子。ある夏、卒業アルバムを受け取りにきた前年の教え子たちが、

「何か書いてください」と列をつくった。そんなときは「先生をやっていてよかった」と思う。そんな瞬間がたくさんある。「仕事は肌に合っている。楽しくなかったらもうやめています」

限られた時間のなかで、少しでもいい授業をしたい。いまも模索を続けている。

「苦労は絶えないが、仕事は楽しい」

別の教員は、子育てとの両立に苦しんでいる。

近畿地方の公立小学校の40代の女性教員は、会社員の夫とともに、高校生と小学生の子どもを育てながら働いている。自宅から勤務先までは、車で10分ほど。子どもたちを送り出して、あわただしく出勤し、すぐにクラスの子どもたちを迎える。

午前8時半〜午後5時が「定時」だが、午後3時25分に6時間目の授業が終わると、すぐに会議が入る日が多い。5時をまわり、会議が終わってから、ようやく採点や子どもたちのノートの確認といった「自分の仕事」にとりかかる。我が子に夕食を食べさせるため、7時ごろ帰宅。家事が一段落してから、午前1時ごろまでかかって、学級通信づくりなど持ち帰った仕事をする。朝は7時前に起きるのがやっと。高校生の子の弁当は、夫が作る。夕食後、再び出勤することも。土日もどちらかは出勤し、どうにか仕事をまわしている。平日用のおかずも、週末に作り置きや下準備を済ませる。

文科省の2016年度の教員勤務実態調査によると、小学校の教員が自宅で仕事をする「持ち帰り業務」の1日あたりの平均時間は、平日が29分、土日は1時間8分。性別・年代別にみると、41~50歳女性が平日40分、土日1時間28分と最長だった。また、日本教職員組合が21年1学期における通常の1週間について調べたところ、持ち帰り仕事をした教員の割合は、平日・土日とも学校別で小学校が最多だった(平日は67・3%で平均時間47分、土日は70・1%で同1時間22分)。

女性も、教材研究は翌週分を週末にまとめて行う。20年度から学習指導要領の改訂で、学習内容や求められる指導方法が大きく変わった。教科書や指導書を読み込み、板書計画を練り、授業で使うプリントをつくる。1教科あたり最低1時間。授業前夜にも、翌日分の内容を再確認する。授業の直前にササッと教科書に目を通すくらいでは、授業の質は保てない。

評価をめぐる負担も重くなったと感じている。学習指導要領の改訂に先立ち、通知表には、主体的に学習にとりくんでいるかを問う項目が加わった。プレゼンテーションや、資料の読み解き、ノートのとり方など、一人ひとりの学習や思考のプロセスを、より丁寧に見ることが求められるようになった。数値化は難しく、それだけ手間がかかる。

女性は教員になりたての20代の頃、先輩から「月給は年齢×1万円」と聞いた。30歳なら30万円、40歳になれば40万円……。「夢あるわー!」と思ったが、行財政改革のおりもあり、現実は違った。

授業準備や評価などの本来業務に加え、負担が重くのしかかるのは、保護者への対応だ。保護者同士が不倫関係になり、当事者の配偶者から「うちの子を、あの子(不倫相手の子ども)と一切かかわらせるな」といった無理難題を押しつけられることもある。

約20年間に及ぶ教員生活。保護者に生活や心の余裕がなくなり、そのストレスが子どもに向けられるようになったと感じている。虐待や、給食費未納などの対応に追われることが増えた。保護者から教員への脅しや、暴力沙汰になりかねない行為も。子どもを見放すわけにもいかず、悩ましい。

地域の人から「転んだ子がいる」といった電話がかかってくることも。「あなたが対応してあげて」という本音をのみ込み、かけつける。

苦労は絶えない一方で、女性は「仕事は楽しい」と言い切る。「子どもたちの、できなかったことができるようになった瞬間に立ち会えるのは、大きな感動がある。怒りや悲しみも含めて、とにかく感情がすごく揺さぶられる。他の何にも代えがたい仕事だと思う」。誕生日に子どもたちがサプライズでお祝いをしてくれたことも忘れがたい。

「とにかく人手が足りない。教職は素晴らしい仕事だからこそ、もっと予算をかけて増員し、待遇も良くしてほしい。子どもたちの未来のため、です」

「これって教員の仕事なのか」——疑問と限界

矛盾を感じながら、何とか踏みとどまっている教員のケースをあげた。

だが、教職に見切りをつけた人もいる。

関西地方の小学校に6年間勤めた30代男性は、数年前に教員を辞めた。26歳で採用され、毎年学級担任を務めた。いつもやる気にあふれ、何よりも授業に力を入れてきた。子どもたちと向き合うことに、喜びを感じていた。勉強がわかったときのうれしそうな表情を見たとき、担当した子が卒業後に顔を出してくれたとき。

やりがいを感じる瞬間は何度もあった。子どもの学力を高めたい一心で、授業準備や教材研究を仕事だと思ったことは一度もなかった。土日も自宅でパソコンに向かった。

特に力を入れていたのが、英語教育だ。大学を卒業後、海外で働きながら英語力を養った。その経験から、「読む」「書く」「聞く」「話す」の4技能をバランス良く養成するために、どうしたらいいかを考えた。朝の時間に、さいころを振って出たテーマについて英語で話す活動も採り入れた。子どもたちは物おじせずに取り組み、力がどんどん上がった。

一方、仕事には疑問もあった。授業に関係のない業務が多すぎることだ。

放課後にはまず、校内の会議や研修、打ち合わせがある。それが終わると、事務仕事が待っている。代表的なのが、学校の庶務を教員が分担する「校務分掌」だ。

3年間担った「会計」では、遠足などにかかった費用を計算して精算書をつくり、全ての領収書を貼り、事務職員に提出するといった作業がある。提出後に「3円違っている」と指摘され、数日間かけて全ての数字をつきあわせ直したこともある。疑問が募った。「これって教員の仕事なのか」

本来、放課後は翌日の授業準備にあてたい時間だ。子どもが下校するまでは、授業のほか、提出物のチェックやテストの採点などに、息つく暇もなく追い立てられるからだ。なのに、学校にいる間は作業に追われ、じっくりと教材に向き合えない。

自身が教員になってから、教育の世界にも様々な変化の波が訪れていた。動画投稿サイトのユーチューブでは、わかりやすい解説をする「教育系ユーチューバー」が登場。コロナ禍でリモート授業が注目され、その人気は一層高まっていた。いまや学校に行かなくても、勉強する方法はいくらでもある。

それなのに、相変わらず先生が技能を磨く態勢は乏しく、そのための時間もない。

「そのうち、学校に来る子がいなくなってしまうのでは」。漠然と感じていた不安は、年々強くなっていた。何より、魅力を感じ、大切にしていた「教える」ことが後回しになってしまっていることに気付いた。

もう限界だった。校長に退職の意志を告げた。当初は何度か、理由を説明するよう求められた。だが、自分の決意が固いとわかると、「またいつでも戻ってこられるから」と理解を示してくれた。

教え子たちは良い子ばかりで、後ろ髪がひかれる思いはあった。でも、どう考えても、学校という場所に魅力を感じられなくなっていた。その後、民間教育企業に就職した。AI（人工知能）を使って、子ども一人ひとりに最適な学習を提供する教材づくりを担《にな》った。先端技術で学習効率を高めることで、子どもたちの学びを支援する。そんな役割に、やりがいを感じた。

それでも、教室でのやりとりや子どもたちの笑顔が、毎日のように脳裏をよぎる。「根っからの先生なんやろな、と思います」。学校が本当に子どもたちのために変わった。そう思える日が来たら、また教壇に立ちたいと思っている。

「給特法」の存在が、極端な長時間労働を可能にした

印刷や文書作成などの雑務や、会計などの「分掌」といった、教員以外でも担えるような仕事が、本来業務である授業準備が後回しになるほどに膨らんできた。

現場の教員らへの取材から、いくつかの理由が浮かぶ。まず、2000年代前半の学力低下論争や、2010年代のいじめ問題への関心の高まりなどによって学校への目が厳しくなり、情報公開に対応しなければならなくなったことがある。学校外に説明するための文書づくりやいじめ防止などのための方針づくりなどがそれに当たる。

また、授業の時間が増えたことも大きいようだ。「脱ゆとり」を掲げた2008年の学習指導要領改訂で、授業時数は主要教科で約1割増。一方で、教員の数（子どもの数に対する教員全体の数の割合）はそれを補うほどには増えず、教員1人当たりの持ちコマ数は増えていった。授業の空きコマが減ることになり、授業以外の仕事に振り向ける時間が削られることになった。

さらに、本来業務である子どもの対応も複雑化・高度化している。発達上の課題を抱える子や外国籍の児童生徒の増加で、支援計画の作成など個別の配慮が必要なケースが大きく増えた。急増する不登校にも対応が必要になった。

こうした問題がすでに顕在化していた2010年代半ば、文科省は「チーム学校」を打ち出し、スクールカウンセラーや支援員など、教員以外の人材の充実にも取り組んだ。だが、それも業務量の増加や教員の人員不足を補うほどにはならなかった。人員増はお金がかかり、予算上の制約があるのも一因だった。

業務量の膨張は結局、教員の長時間労働で補うしかなかった。

それを可能にしたのが、給特法だった。

残業代を支払う必要があれば、予算の制約で無尽蔵《むじんぞう》に残業させるわけにはいかなくなる。公立学校を所管する教育委員会は、残業代がかさめば予算を担当する当局から改善を求められるだろうし、残業の多い学校の校長らは注意を受ける。仕事を減らすか、人員を増やすかのどちらかに取り組むしかなくなるわけだ。だが、残業代の全く出ない現行の給特法下では、教育委員会や校長らは、残業命令さえしなければ長時間労働の責任を問われにくい。つまり、業務量がいかに過大でも放っておけばいい。極端に言えば、そういうことになってしまう。

歯止めがなくなった、保護者の過度な要求

給特法によって歯止めがきかなくなっているのは、業務量の膨張だけではない。保護者の過度な要求への対応も、線引きができなくなっている実態が一部にある。

午後7時すぎ、東海地方の中学校で、職員室の電話が鳴った。

「兄弟げんかをしているから、止めてほしい」

30代の女性教員が受けたのは、保護者からのそんな電話だった。管理職に相談すると、「行ってあげて」と言われた。生徒の自宅に急行し、兄弟をなだめて学校に戻った。そして、また残っていた仕事を再開した。

こうした「呼び出し」は珍しいことではない。生徒の万引きが発覚して、店から迎えに来るよう言われる。SNSで生徒間のトラブルが発生したからと、生徒たちに聞き取りに行く。退勤時間後に対応することもある。同じ学年の同僚教員が向かう場合は、戻ってくるまで帰れないこともある。それが暗黙の了解だからだ。

「私たちはコンビニだからね」。同僚たちとそう自嘲することもある。教員は24時間対応する便利な存在――。生徒や保護者から、そう思われているのでは、と感じる。

いつからか、学校に対して過度な要求をする親が「モンスターペアレンツ」と呼ばれるようになった。自身も、保護者の要求は年々大きくなっていると思う。

ある時、不登校傾向だった中3の生徒の保護者から、他の生徒がいない早朝に登校をさせたいと頼まれた。保護者の仕事の都合で、登校は午前6時半にしたいという。その時間に学校にいるためには、午前5時半には家を出ないといけない。

遅くまで残業した上に、早朝に登校するなんて。

管理職に「断ることはできないか」と相談したが、「子どものためにやってくれ」と言われた。それからしばらく、早朝出勤が続いた。

生徒を励ますために「勉強を頑張ろう」と声をかけたことで、思わぬ反発を受けたこともあった。生徒の保護者から子どもを叱ったと誤って受け止められ、保護者会で質問されたのだ。それ以来、自分を守るために、何月何日、生徒にどんな声をかけたのか、ノートに記録をつけるようにしている。

先生という仕事に対する意識が変わったのは、教員になって4年目のころだ。当時の勤務校は、部活が盛んだった。教員全員が部活の顧問をするよう求められ、未経験の競技を担当することになった。毎日練習の指導にあたり、授業の準備が始められるのは午後9時を過ぎてからだった。

土日も部活の練習があり、生徒の練習に懸命に寄り添った。未経験の競技だったが、大会の審判や運営を任され、プレッシャーは日に日に大きくなった。体調を崩し、ある朝、起き上がれなくなった。

「土日のどちらかは部活を休みにしたい」。思い切って生徒や保護者に打診した。すると、保護者から「先生には熱意がない」と言われた。「あぁ、もういいや」。その瞬間、気持ちの糸が切れた。

それまでも、部活の運営の仕方をめぐって、保護者から不満を言われることがあったが、我慢してきた。プライベートを犠牲にしてでも、「生徒のために」と頑張ってきた。でも、もう限界だった。

教員の仕事にやりがいを感じられなくなり、こう思うようになった。職があって、給料がもらえて生活ができればいい。良い先生にならなくたっていい。

その後の勤務校でも、部活の顧問は引き受けた。生徒たちの練習が終わり、翌日以降の授業準備を始めるのは、午後9時をまわってからが多い。大変なのは、自分だけではない。学校全体に若手の教員を指導する余裕がなくなり、新人が辞めたこともある。1学年で3人の教員がいなくなり、代わりに管理職が授業をすることもあった。

「今の教員の働き方では、まじめな人ほどつぶれる」と思う。

高まる「給特法廃止」を求める声

給特法を背景にしたこうした問題点を踏まえ、現場の教員や労働の専門家からは近年、廃止を求める声がたびたび上がっている。

2023年3月、教員や大学教授らが参加する「給特法のこれからを考える有志の会」が、廃止を含めた抜本的な改善が必要だとして、要望書とオンラインで集めた約8万筆の署名を文部科学省に提出した。給特法を廃止し残業代が支払われるようにすれば、残業の削減につながる、と主張する。

提出に先立って開いた記者会見では、現役教員が「残業を減らすための障壁になっているのが給特法だ」と主張。給特法を廃止し、管理職が命じた残業に応じた給料を支払う仕組みにすれば、教員が残業することになったとき、命じた側に残業代支払いというペナルティーが生じると指摘。そうした仕組みのもとで残業を減らしていくべきだと訴えた。

この会による記者会見は同年5月にもあった。改めて廃止を求める提言を出したうえで、内田《うちだ》良《りょう》・名古屋大大学院教授（教育社会学）は、文科省が行った「教員勤務実態調査」（2022年度）を分析した結果をもとに「家に持ち帰って仕事をする時間も含めれば、依然として過労死ライン（月80時間）を超えている」として、「危うい状況が続いている」と強調した。

また、働き方改革に取り組む企業「ワーク・ライフバランス」の小室淑恵《こむろよしえ》社長は、前日の終業から、当日の始業までの間隔を11時間空けることを管理職の責任でさせる仕組みの導入を提言した。

中学校の教員だった息子を長時間労働の末の自死で亡くした男性も会見に出席。現場の教員に向けてこう話した。「自分の命は守られていますか。誰に守られていますか」

同年8月には、労働問題に取り組む弁護士らでつくる日本労働弁護団が意見書を発表した。

使用者側に残業代を支払わせることを通じて労働時間を抑制する観点から、給特法の廃止などで教員に残業代を払う仕組みに改めるべきだと指摘。教員の労働時間の厳格な把握も求めた。

さらに、給特法の改廃によって教職調整額がなくなっても給与が減らないような仕組みとすることや、勤務と勤務の間に一定の休息時間を設ける「勤務間インターバル制度」を導入することなども求めた。

同月には、文部科学相の諮問機関、中央教育審議会の「質の高い教師の確保特別部会」が、教員の働き方の改善に向けて国などが直ちに取り組むべき施策をまとめた「緊急提言」を出した。国の基準を大きく上回る授業時数（コマ数）の削減や学校行事の簡素化、仕事を補助する支援員の増員といった教員の負担削減策を列挙した。

具体的には、プリントの用意や来客対応などの仕事をサポートする「教員業務支援員」の全公立小中学校への配置を求めた。教員になった人の奨学金返済の支援、主任や管理職の手当増額も盛り込んだ。

また、教員に代わってボランティアや指導員に校内清掃や部活指導を担ってもらうことも提案。4年前に中教審が学校の働き方改革をめぐる答申で示した、学校以外が担うべき業務▽必ずしも教員が担う必要のない業務▽教員の業務だが負担軽減可能な業務

――の3分類の徹底を呼びかけた。

提言は、こうした業務削減によって、教員が学習指導など専門性を発揮できる時間を確保できれば、公教育の質向上にもつながるとした。国や自治体、教育委員会の主体的な取り組み、保護者や地域社会の理解も必要だとした。

給特法の抜本改正議論が始まる

この特別部会は、給特法に関心が集まるなか、文科相が23年5月、中央教育審議会に対し、給特法の改正も視野に入れた処遇改善を検討するよう諮問したことで始まった。文科省は2025年通常国会での制度改正を視野に入れている。

焦点は、残業代の出ない「定額働かせ放題」の制度が変わるかどうかだ。制度改正の方向性は、大きく分けると二通りが考えられる。

一つ目は、給特法を廃止または改正し、会社員と同じように時間に応じた残業代を支給するよう、抜本改正するというものだ。給特法の代わりに労働基準法が適用されると、教員側と管理職が時間外労働をさせる業務の種類や時間の上限を決める必要がある。労基法36条に基づく、いわゆる「36（さぶろく）協定」だ。協定締結にあたって労働組合などと交渉する役目は学校ごとに校長や教頭が担うことも想定され、学校には負担が生じる可能性もある。

残業時間が一定時間を超えるまでは残業代を支給しないが、超えた場合は支給するという選択肢もありうる。いずれも、長時間労働には残業代の支払いが求められるため、労働時間抑制が期待できる。

二つ目は、給特法を維持しつつ、現在は基本給の4％となっている教職調整額を引き上げるというもの。この場合、教員の処遇改善につながり、教員志望者が増えることにつながる可能性はあるが、「定額働かせ放題」である点は変わらない。また、この案では多忙な教員もそうでない教員も一律に給与が引き上げられるため、現場に不公平感が広がる懸念《けねん》がある。この不公平感に配慮し、学級担任や部活の顧問を務めたり、主任の職に就いたりしている教員に相応の手当を上積みする枠組みも考えられる。

一方、中教審の議論に先立つ23年5月、自民党の特命委員会は、給特法の上乗せ分である基本給の4％を、2・5倍の10％以上に引き上げることなどを盛り込んだ政府への提言「令和の教育人材確保実現プラン」をまとめた。「残業代なし」を維持するもので、中教審の議論にも影響を与える可能性があるとみられている。

公教育が崩壊する分岐点

給特法の抜本改正を求めてきた教員らは、自民案への失望を隠さない。

岐阜県立羽島北高校教諭の西村祐二さんは、「教職調整額を上げても、残業代ゼロは維持されるので、『定額働かせ放題』は変わらない。与えられた仕事が終わらなくて長時間残業しているはずなのに、学校の管理職や教育委員会が責任を問われないままなら、残業時間を減らそうという努力につながらない。（自民案の通りなら）5年後も10年後も残業は減らず、何も変わらないのでは」と話す。「政権与党の案なので、今後その通りになるのかもしれないと思うと絶望感がある。教員志望の大学生を多く知っているが、彼らは給特法改正の行方を注視している。抜本的な改正がないとわかれば失望して教員になるのを諦めるかもしれない。なり手がさらに減って、さらに現場が多忙になる悪循環が生まれると懸念している。いま、公教育が崩壊する分岐点かもしれない」と危機感をあらわにする。

そのうえで、西村さんは、中教審にこう求める。「給特法を見直す目的が残業の抑制にあることをまずは明確にしてほしい。そのうえで、自民案だけでなく、給特法廃止も現実的な可能性として検討してもらいたい」

２００以上の学校、教育委員会の業務改善に関わってきたワーク・ライフバランスの小室淑恵社長は「『定額働かせ放題』ともいわれる給特法の仕組みを維持していては、優先順位をつけて時間通りに帰るというインセンティブ（動機付け）が働かない。文部科学省も『人が増やせないから働いてください』という論理から抜け出せない。給特法はすぐに廃止するべきだ」と話す。

給特法を廃止すると残業代支払いなどで多額の予算が必要になるとの指摘もあるが、小室社長は「今までこの国はずっと、必要な金を払ってこなかったということだ。教員の数を増やさず、残業代も払わないことで、先生が疲れ果てて最新の知識を勉強せず、

ＩＴの技術も磨けなくなる。そういう先生に子どもたちが習っている」と指摘。そのうえで、「文科省は予算折衝で、しばしば財務省に負けてきた。だが、このお金を切ったら財務省も強い批判にさらされるという風潮をつくらなければならない。政治家や官僚には、長期のビジョンをもって継続的に課題に取り組んでもらいたい」と求めた。

専門家の見方は様々だ。元中教審副会長で、給特法に詳しい小川正人・東大名誉教授（教育行政学）は「目指すべきは、子どもが受ける学校教育の質を高めることだ。教員が自己研鑽《けんさん》を積み、新たな実践に取り組めるような余裕を生む必要がある。そのためには、単に教員の給与を増やすのではなく、長時間労働の抑制につながるような形で給特法を変えなければならない」と指摘。そのうえで、「私は、残業が一定時間を超えた場合に、超えた時間に応じた残業代を出すのがよいと思う。残業代は各自治体の予算に応じて上限があるので、教育委員会や各学校の管理職に『残業時間を一定の範囲内に抑制しなければ』との意識が働き、教員の労務管理に注力することが期待できる」と話した。

中教審には、「自民案だけではなく、様々な選択肢を改めて探ってほしい」と期待する。「自民案の内容を踏まえれば、給特法の『残業代なし』という規定が廃止される可能性は低いのかもしれないが、長時間労働を抑制するという観点からすれば、教職調整額自体をなくしてしまい、残業代を支払うようにするのが有効だ」と主張した。

2022年度の教員勤務実態調査に携わった東北大学の青木栄一教授（教育行政学）は、「担任手当を創設したり、一律4％の教職調整額を改定し、一部の教員に手厚くしたりといったメリハリをつける政策は考慮に値《あたい》する」と話す。一方で、給特法を廃止し、残業代を出すべきだという意見については、「1971年に給特法ができたきっかけが教員の長時間労働であり、その頃から学校の労働時間の管理は不十分だった。給特法が廃止されても労働時間の管理がすぐにできるようになるとは思えないので、慎重な検討が必要だ」という。

長時間労働に歯止めをかけるには、給与などの待遇面の見直しだけでなく、「さらなる抜本的な業務の削減や効率化」が必要になるという。「学校にはこれまで、無償労働が多すぎた。部活の後に『子どもが帰ってこない』と電話してくる家庭のために1時間ほど残るという例が象徴的だ。これをＩＣＴ（情報通信技術）による見守り機能などで代替するといった取り組みを、学校だけでなく家庭の協力も得て進める必要がある。これまでは地域も保護者も、児童生徒も教員におんぶにだっこだった。サービスの供給量を、教員の人数と待遇に見合ったものにしていくのは当然。もしサービスを低下させたくないのであれば、給与などの待遇面の改善に加え、人員を増やすことが重要になる」と話す。

中教審の答申が出るのは、２０２４年度とみられている。

第3章　変わらない部活指導

放課後の中学校の教室

近年、増え続けてきた部活動指導の負担

近年、問題視され続けてきた教員の長時間労働。中学や高校においては、部活動指導がその主因と目《もく》されてきた。

多くの場合、平日の放課後は勤務時間終了を大きくまわる午後6時ごろまで指導が続く。処理が必要な事務作業や、授業準備といった業務が後回しになるため、そこからさらに残業が生じることになる。活動が盛んな部では、土日も練習がある場合が多い。日曜日に多い大会への引率は一日がかりになることもある。部員や保護者が望めば、ゴールデンウィークや夏休みも関係なく練習を指導する。一部の教員は、そんな働き方を続けてきた。

34カ国・地域が参加した経済協力開発機構（OECD）による2013年の「国際教員指導環境調査」では、中学教員が部活などの課外指導にあてる時間（1週間計）は平均が2・1時間だったのに対し、日本は7・7時間で最長。2位のマレーシアの1・5倍

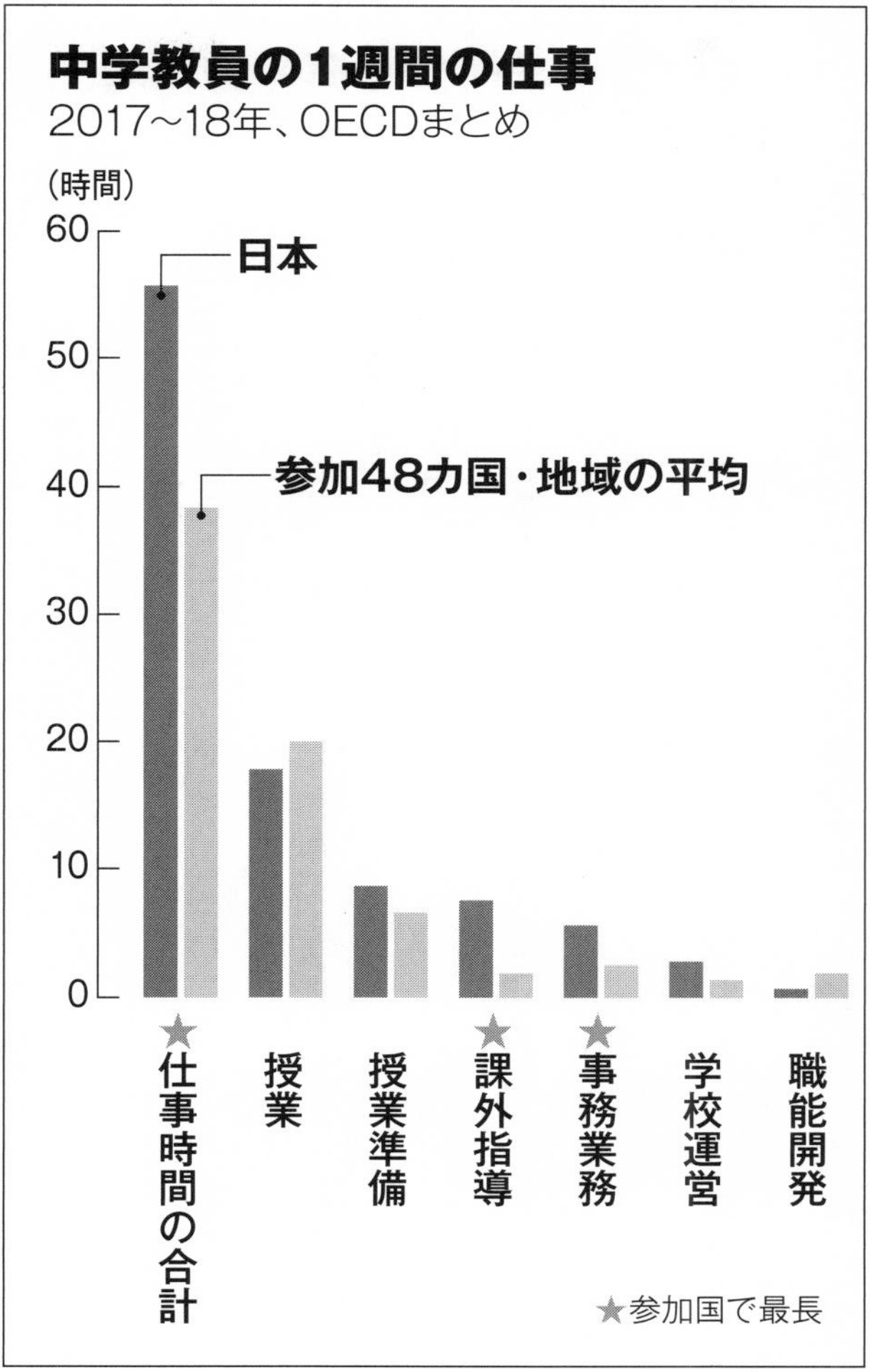
中学教員の1週間の仕事
2017~18年、OECDまとめ
(時間)
60
50
40
30
20
10
0
日本
参加48カ国・地域の平均
★仕事時間の合計
授業
授業準備
★課外指導
★事務業務
学校運営
職能開発
★参加国で最長

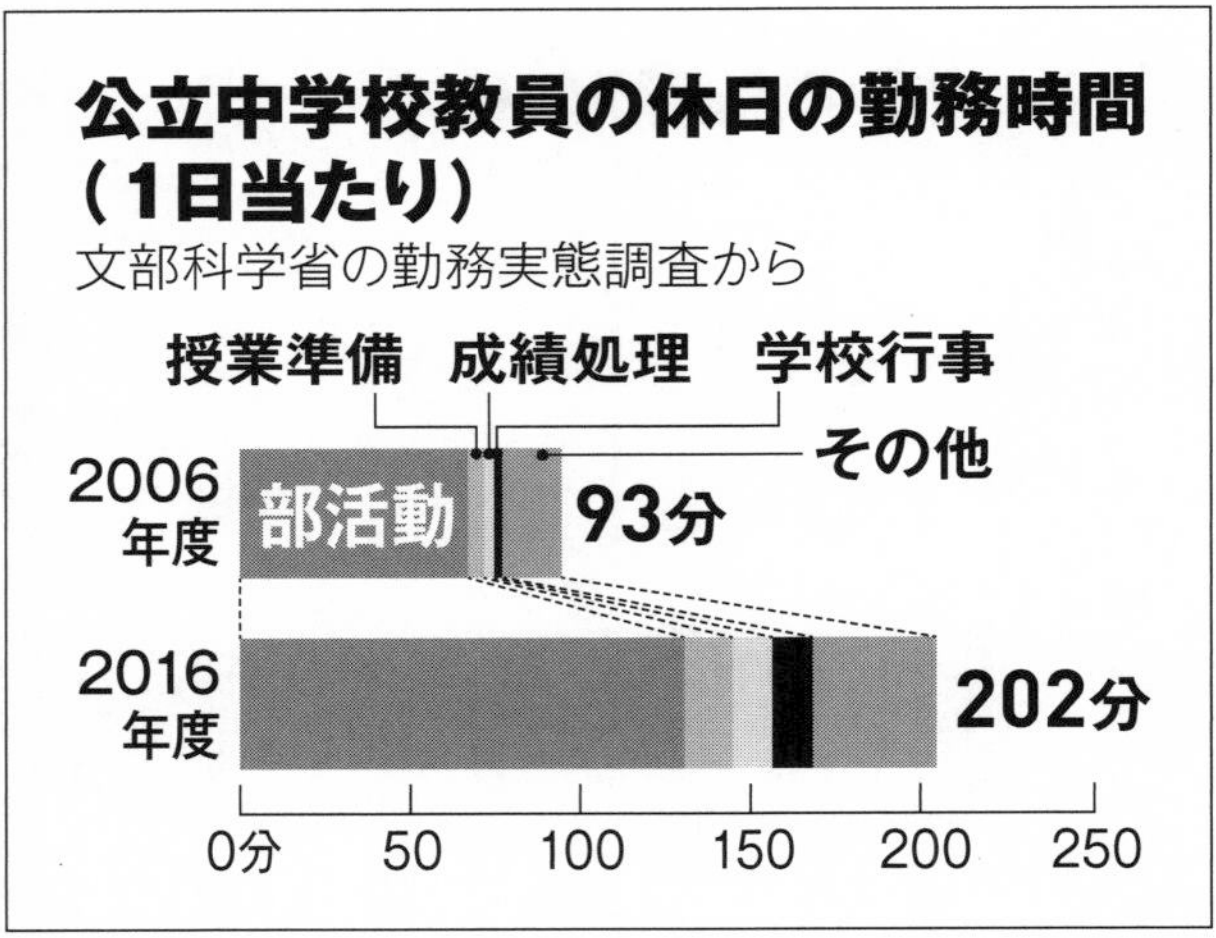

だった。18年の同調査でも日本は7・5時間と最長だった。世界で突出して指導時間が長く、異常な状態にあることがわかる。

文部科学省による2016年度の教員勤務実態調査によると、中学教諭が部活指導に使う時間は1日当たりで土日は2時間9分、平日は41分。その前に行った06年度調査と比べて土日は1時間3分増えた。10年間で2倍に上ったことになる。部活指導をしていなかったり、補助的な立場の副顧問だったりといった様々な教員を含めた平均値のため、実際に運動部の主顧問をしている教員はこれよりも多くなるとみられる。

その後、スポーツ庁が2018年に「運動部活動の在り方に関する総合的なガイドライン」を策定し、休養日を明確化するなどの改革があり、22年度の調査では40分減ったが、依然として2006年度の水準には戻っていない状況だ。

2006年からの10年間で土日の部活動の時間が大きく増えたのはなぜなのか。理由ははっきりせず、文科省も「一概には言えない」などと言及を避けている。ただ、2002年の完全週休2日制の導入と、その後2012年度に中学校で完全実施された学習指導要領改訂の影響を指摘する声はある。完全週休2日制の導入後、土曜日に自宅に子どもを置いておきたくない保護者の要望に応じる形で、一部の学校では授業がなくなった時間を練習にあてる動きがあったという。さらに、「脱ゆとり」を掲げた指導要領改訂で授業時数が増え、平日の練習時間が減った分、土日で練習時間を確保した。そんな見方がある。

想像を絶する部活指導の現実

部活指導の負担の実態はどのようなものか。現場の教員に取材すると、想像を絶する現実が浮かぶ。

6月の土曜日の夜。

関東地方で高校教諭を務める30代女性は、職員室でパソコンに向かっていた。週明けの授業の準備だ。この日は昼から、顧問を務める運動部の指導があった。翌日は、顧問を掛け持ちしている文化部の発表会の引率がある。

平日は放課後、毎日のように文化部の活動がある。夜までかかることもざらだ。土曜日だけは運動部の練習に顔を出す。指導は外部指導者に依頼しているが、生徒同士の人間関係に何かトラブルの芽がないか、週に1度は見なければ責任を果たせない。

時計はすでに午後9時を回っている。早く帰りたいけれど、仕事は全然終わっていない。自分を責めながら、目の前の仕事をこなすしかなかった。この月の時間外労働は、120時間を超えた。

女性は学級担任を務めている。進路希望調査などの提出物の管理や分担している学校の事務など、連日、何かしらの締め切りに追われている。

部活の顧問を掛け持ちしている分、関連する事務作業も多い。部費の集金、大会の出場登録、論文やポスター発表の添削——。仕事が立て込んでいて、出場登録を忘れたこともあった。なんとか大会には出られたが、主催者に平謝りするしかなかった。

保護者との電話のやりとりにも時間をとられる。生徒についてのやりとりが、「夫が子育てに関わってくれないんです」と人生相談に発展することも。話題を変えることも難しく、1人の保護者と2時間話し続けたこともあった。

電話で格闘する様子を見た管理職から「家庭背景を理解するのは大事」と言われたことがある。励ましのつもりだったんだと思う。でも、ねぎらいの言葉の方がほしかった。孤独感が強まった気がした。

平日は、こうしたことに授業の空き時間から放課後まで追い立てられ、授業準備が満足にできない。本当はもっといい授業をしたい。そのためには、休日を使うしかない。担当する理科がテーマの本を読み、録りためたドキュメンタリー番組を1・5倍速で見る。「NHKスペシャル」「ダーウィンが来た!」「緊急SOS!池の水ぜんぶ抜く大作戦」……。録画容量が40時間のハードディスクは常にいっぱいだ。

大学生の頃は、結婚し、子どもを産む将来を夢見ていた。今は全く想像できない。マッチングアプリに登録した時期があった。大切な人ができたら、仕事に追われるだけの毎日が少しでも変わるかも。淡い期待があった。

最初に会った男性から、「お仕事は何をされているんですか」と聞かれた。アプリのプロフィルには「公務員」と書いていた。

「教員をしています」

空気が一瞬張り詰めた気がした。男性はすぐに話題を変えた。

その日の夜、男性からメッセージが届いた。

「僕、教員はダメなんです」。理由がわからないまま、「わかりました」と返信した。

もう一人には、教員と打ち明けても引かれなかった。だが会って数日後、「あなたは多忙でゆっくりできる時間がない。僕は一緒に過ごす時間がほしかった」とのメッセージが届いた。しばらくして、アプリを使うのはやめた。

1カ月の時間外労働が100時間を超えることや、休みが1カ月ないことも珍しくない。そんな働き方では、結婚して子どもを育てるのは、現実離れしているように感じる。そもそも、恋人をつくる時間や気力さえない。

ベネッセ教育総合研究所が2016年度に教員に行った調査では、土日出勤が「ほとんど毎週」との回答が中学で74・5%、高校で52・4%に上った。私生活とのバランスについて満足度を4段階で聞くと「とても満足している」「まあ満足している」との回答の合計が中学で33・9%にとどまり、前回調査(10年度)から12・7ポイント減った。高校も46・9%で7・4ポイント減だった。同じ調査で、中学教員の63・6%、高校教員の51・9%が「部活が負担である」と答えた。

女性にとって、生徒に教える仕事は魅力的だ。でも、学習指導要領では部活はあくまで教育課程外の活動とされている。なぜ休日や授業準備の時間を犠牲にしてまでやらなければならないのか。

女性の心は追い詰められつつある。ある時、隣県に住む姉からLINEがきた。「明日早いんだから、もう帰ってるよね」。翌日は姉と出かける約束をしていた。

「まだ学校にいる」

「なんで早く帰んないの？　それじゃ明日もう無理でしょ」

約束は果たせそうにない。そう伝えるとともに、衝動的にこう書いた。「死んで償う」

直後に姉から何度も電話がかかってきたが、出なかった。電話する時間があるなら、仕事を終わらせたかった。1時間後にようやく出ると、姉は学校の近くに来ているという。心配だから顔を見せろと言われた。でも申し訳ないし、仕事も終わってないし、誰にも会いたくなかった。

帰宅したら自宅の写真を撮って送るから、と約束して電話を切った。頭に浮かんだのは「明日寝られる」という思いだった。姉から病院に行けと言われたが、行っていない。過去に病院にかかったとき、仕事が原因と言われただけで解決しなかった。どうせ同じことを言われるのなら、行く時間がもったいない。

今の状況を変えなければとは思うのに、立ち止まって考える時間も気力もない。

ただ、目の前の仕事に追われている。

毎月の残業は100時間オーバー、完全に休めるのは月に1日

担当競技によっては、月に1日しか休めないこともざらだ。

日曜日、午前6時半。ある公立高校のグラウンドに、30代の男性教諭の姿があった。サッカー部の副顧問。地域の大会が自校で開かれるため、準備のために出勤したのだ。同年代の正顧問と一緒に得点板を出し、ボールを点検する。他校の先生や生徒のため、飲み物も用意する。

試合では審判も務め、90分間走り回る。けが人が出ないよう細心の注意を払い、生徒が痛がれば駆けつける。ハーフタイムにはボールの消毒があり、水分補給にも目を配る。終わった後は片付けに追われる。夕方までほぼ休憩はなく、終わる頃にはくたくたになる。翌日には授業が控えている。

男性の高校は設備が整い、試合が頻繁に開かれる。そのたびに10時間近く働くが、手当は5300円。時給にすると、600円に満たない計算になる。「これだけやっているのに、さすがにおかしい」と感じる。

文部科学省が禁じているはずの残業月100時間を毎月のように超える。そんな長時間労働の実態だ。

例えば、2021年6月。男性が完全に休めたのはたった1日だった。

自校での試合が1回あり、その前週には土日とも練習。土曜授業も1回あった。「さすがに休みがなさ過ぎる」と、正顧問と話しあって下旬に1日だけオフをつくった。

新人戦、インターハイ、選手権、クラブチームも参加するリーグ戦……。高校サッカーは、季節に関係なく試合がある。多くは日曜日で、試合前日はフォーメーションの確認などのため、必ず練習がある。試合のある週は、土日とも出勤することになる。夏休み中も試合が続き、土日どちらかは休むようにしたものの、連休はお盆前の3日間だけだった。

部活指導の魅力もあると思う。

大会で勝って生徒とともに味わう達成感は何ものにも代えがたいし、頑張る生徒を応援したい思いも強い。20年に3年生の最後の大会が新型コロナウイルスの影響で中止になったときは、一緒になって本気で悲しんだ。

ただ、最近は疑問を感じることも増えてきた。20年3月から3カ月ほどの一斉休校では部活がなくなり、少しだけ休むことができた。教員を10年以上やって、5月の大型連休をまるまる休めたのは初めてだった。

だが21年になると一転、緊急事態宣言下でも練習することになった。教育委員会が、試合の2週間前は活動できる方針を示したからだ。常に試合があるサッカーでは、ほぼ制限がないに等しかった。分散登校の際には、授業のない一部の生徒を夕方に登校させてまで練習した。「感覚がまひして、慣れっこになってしまっている」という気もする。

教員としての本来業務も決して楽ではない。社会科を週に18コマ教える。受験する高3生の授業もあり、空きコマは予習に追われる。本当は生徒が主体となって議論したり、考えさせたりするような授業を多くやりたい。だが、なかなか踏み込めない。やろうとすると準備により時間がかかるからだ。

放課後は、毎日のように様々な議題の会議がある。

今年度から配られたタブレット端末の閲覧制限などのルールづくり。

学校の生徒募集の今後について。

社会科全体の授業方針の確認。

それぞれ、事前に資料づくりも必要になる。

教えている教科について、生徒から質問がくることもある。成長がうれしくて、長時間対応することもある。平日夕方の部活は基本、生徒に任せているが、生徒からの相談やけが人があれば、グラウンドにも出ていく。結局、退勤は午後8時ごろになる。

管理職は会議などでたびたび、時間外労働を減らすよう呼びかける。だが、出退勤時にタイムカードを押すと、自然と残業は月100時間を超える。そのたび、自治体の産業医が面談のため、学校にやってくる。100時間を超えると受けなければならない決まりだからだ。やるべき仕事が多く、正直、その面談に費やす時間さえも惜しい。

一つだけ印象に残っているやりとりがある。

時間外労働の大半を部活が占めることを説明すると、産業医からこう聞かれた。「先生方は、何で部活動を勤務時間内にやらないんですか？」

自分もなぜなのか知りたい。そんな言葉をのみ込みつつ、「本当ですよね」と返した。

相談後も、現状はあまり変わらなかった。

文科省は19年に出したガイドラインで、時間外勤務の上限を「月45時間、年間360時間」と決めた。特別な事情でやむを得ない場合でも、「過労死ライン」とされる月100時間を超えないよう明示した。ただ、ガイドラインが出た後も、抜本的な改善には至っていないとの指摘は根強い。

東京都教育委員会によると、都立高校で時間外労働が月80時間を上回った教諭は19年10月が6・9％だったのに対し、20年10月には10・2％とむしろ増えていた。

生徒の思いに応えたい。もう一人の顧問の負担を少しでも軽減したい。男性教諭は、そんな思いで、自分にできることは全力でやってきた。でも、交際している女性と会う時間もほとんどなく、相手からの理解も得にくくなっている。結婚したり、子どもが生まれたりしたらどうなるのか。そんな不安もよぎる。

「今後、体力も落ちるかもしれない。そうなったら、同じ働き方はできない」

自分の将来像を、描けずにいる。

任意のはずの部活動指導なのに「断りにくい」という現実

部活を断ることで、同僚から白眼視される。そんなケースもある。

西日本の公立中学校の20代男性教諭は、ソフトテニス部の顧問として、こんな生活を続けてきた。

平日は朝練のため午前7時半には校庭へ。終わればすぐに職員朝礼、ホームルーム、授業と続く。授業がない時間は提出物や宿題をチェック。昼休みも委員会活動などで座る時間すらない。放課後になると、すぐに着替えて部活動へ。午後6時に生徒が帰ると、職員室での事務作業が待っている。行事の準備や部活の大会出場申請、生徒指導の書類作成……。朝から動き回って疲れ果て、授業準備に手が回らないまま、午後9時ごろまで働いて学校を後にする。

土日も試合や練習でつぶれた。数カ月に1回、休みがとれればいい方だった。食事を作る時間も気力もなく、コンビニで弁当を買って帰る日々。風呂で眠り込んでしまうこともしばしばだった。アパートの部屋にどんどんゴミがたまっていった。限界だった。

男性がこの部の顧問になったのは、赴任して間もなくのことだ。部活について希望を聞かれ、「お任せします」と答えたら、職員会議で配られた分担表に割り振りが書いてあった。

ルールブックを自費で買い、生徒に教えてもらいながら学んだ。自分なりに生徒に声をかけた。だが、試合会場で熱心に指導をしている他校の顧問を見た生徒から、「いいな」という声が聞こえた。審判をしていて判断に迷うと、保護者から「ちゃんと見ていてくれないと困ります」と言われた。休みもなく働き続けているのに。

「おかしくないか」

1年目の冬には、部活指導に疑問を感じるようになった。職員室で冗談っぽく部活について愚痴ったことがある。すると、先輩教員が驚いたような表情を見せた。部活を担当するのは当たり前。わかってて教師になったんじゃないの？　そう言いたげだった。

職員室での話題は半分近くが部活のことだった。研修などで複数校の教員が集まると「先生のところのピッチャー、いいですね」といった会話が聞こえた。

管理職に部活指導への疑問を伝えたこともあった。だが、「教員を続けたいなら部活をやった方がいい」と言われるだけだった。ずっと「顧問をやめたい」と言いたかった。でも、怖くて言えなかった。

部活指導が忙しいからといって、授業や定期テストづくりで手を抜くことだけはしたくない。一方で、顧問を務める部が試合で勝ち進むと、練習や引率の機会が増える。

「負けてくれてもいいのに」

ついそんな考えが浮かび、自分が嫌になった。

ある日、部活の顧問を外してほしいと管理職に申し出たところ、職員会議にかけるように言われた。後日にあった職員会議で、部活の顧問の分担が議題になった。男性の名前も入った表が配られた。

「ちょっとすみません」

男性はこわごわ手を挙げた。ふだん、こうした会議で意見が出ることはない。全員の目が自分に集中したように感じた。

顧問をやめたい。勇気を振り絞って告げた。みな下を向いた。長い沈黙が続いた。「誰もいないなら」と手を挙げた教諭もいた。しかし体力の面から、任せていいのだろうかという空気が流れる。しばらくして別の教諭から声が上がり、代わりが決まった。「大乱闘にはならなかった」。男性はほっとした。

しばらくすると、周囲の教員からの評価が下がったと感じるようになった。顧問を引き受けてくれた教諭が、仕事の多さに愚痴を言っていたと聞いた。「若い人は文句ばかり言う」との陰口も聞こえてきた。職員室にいづらくなり、担任するクラスで仕事をする時間を増やした。

それでも、顧問を代わってもらったメリットは大きかった。授業の進め方を見直すと、寝ていた生徒が授業を聞くようになった。イライラして生徒に怒鳴ることもなくなった。以前の自分がどれだけ余裕がなかったか、思い知らされた。

生活も変わった。自炊をするようになり、週に1回は休日ができ、部屋の掃除ができるようになった。

「中学校の部活を地域移行する」というニュースを見た。国が2023年度からの3年間で、公立中学校の休日の部活指導を地域のクラブなどに任せる方針を決めた。将来的には、平日も含めた完全移行を視野に入れているという。

顧問をしていてつらかった頃、「退職」が何度も頭をよぎった。今は少し余裕があるが、今後また同じような働き方になれば、仕事を続けられる自信はない。教員が部活を担わない仕組みになったら、顧問になる心配はない。教員同士が仕事を押しつけ合うような理不尽もなくなるかもしれない。

「地域移行はいま、教員を続けていく唯一の希望なんです」

国が打ち出した「地域移行」。その光と闇

2022年5月、スポーツ庁の有識者会議は、公立中学校の部活動の運営主体を、学校から地域に移行する提言を固めた。提言は、「学校において働き方改革が求められる中、運動部活動が教師の長時間勤務の大きな要因の一つとなっている」と指摘し、教員

の負担軽減のための提言であることを強調した。

そのうえで、2023年度から25年度にかけて、土日の運動部活動の指導を総合型地域スポーツクラブ、スポーツ少年団、大学などに移行していく方針を示した。将来的には平日も含めた移行を視野に入れているという。その後、文化部についても、文化庁の有識者会議が同様の提言を出した。

実現すれば、全ての部活の土日の練習や大会引率は、公立中においては教員が担うものではなくなる。学校から切り離され、地域の「スポーツ少年団」などと同様の活動になるからだ。教員への取材では、前項で紹介したように、その方針を歓迎する声が少なくなかった。

一方、懸念も聞かれた。多かったのは、「地域移行が本当に可能なのか」という、実現性を巡る疑問だった。実際、有識者会議の提言でも、人材や費用をどうまかなうかが課題として挙げられていた。

気になる調査結果もある。

スポーツ庁は2021年度、102自治体の一部の中学校で地域移行を先行実施した。

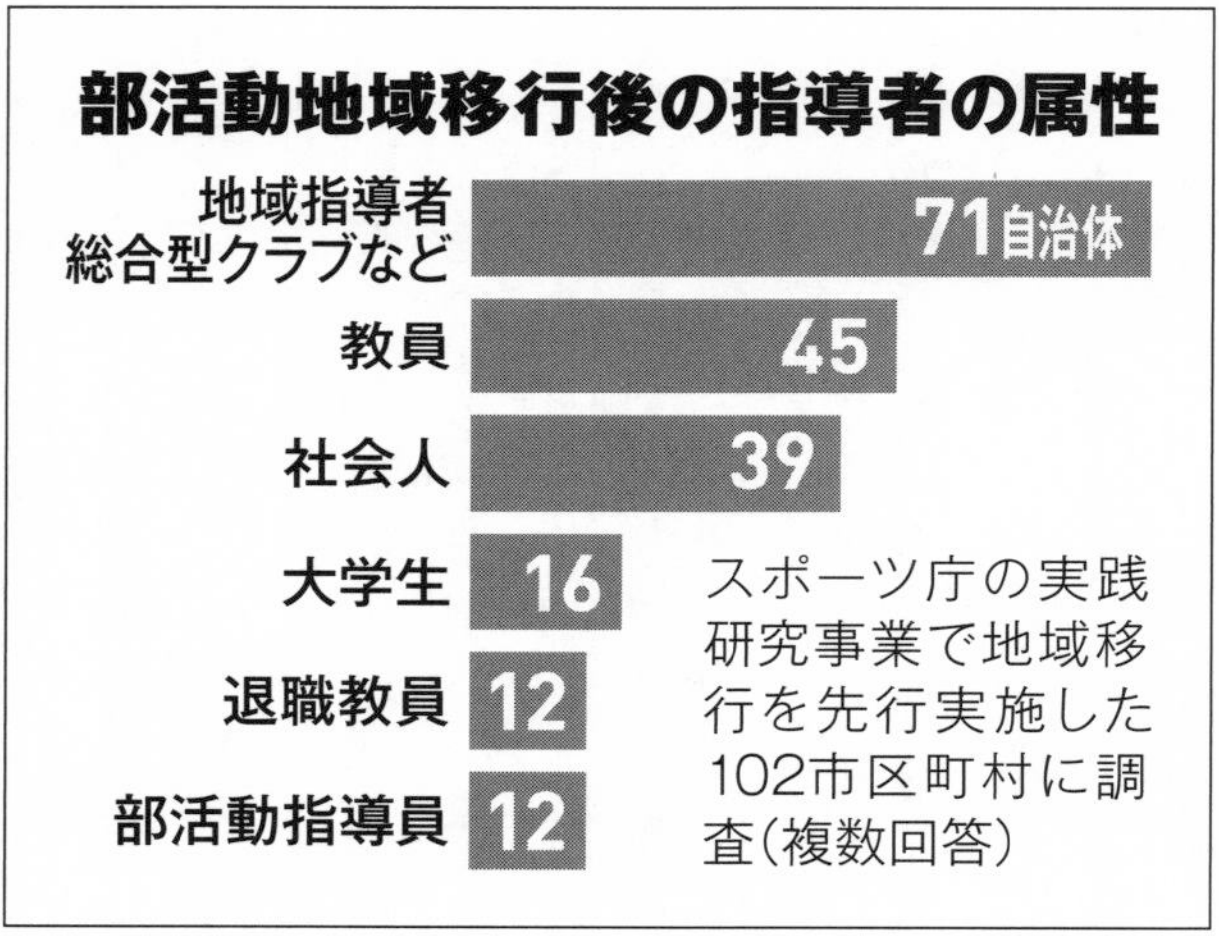

スポーツ庁の実践研究事業で地域移行を先行実施した102市区町村に調査（複数回答）

この自治体に同庁が指導者の属性について聞いたところ（複数回答可）、最も多かったのは総合型地域スポーツクラブや競技団体などの地域指導者（71自治体）で、2番目に多かったのが教員（45自治体）だった。教員については原則、希望者が指導していた。1人で担当したり、地域指導者らと一緒に担当したりする場合があった。

　指導者に占める教員の割合を自治体の規模別でみると、政令指定市では11%、市区では21%、町村部では20%だった。人口の多い地域では教員以外の指導人材が確保しやすい一方、過疎地域では難しいことを示している可能性がある。また、利用している施設について聞いたところ（複数回答可）、93自治体が学校施設と回答。公共施設の利用は37自治体だった。学校施設の利用について、同庁の担当者は「鍵の受け渡しなどで、教員の負担が残っているところはある」と話す。

各自治体の報告書でも、課題が浮かび上がった。ある中学校では、野球部など三つの部活で休日の活動を地域移行した。指導者は地域指導者3人と教員2人が担当。課題を指摘する意見として、「（一部を教員が担っているため）部活動の延長と捉えている生徒・保護者が多い」「大会要項に教員の引率が参加条件として記載されているものがある」などがあった。

ある市の報告書は、毎週時間がとれて、青少年の健全育成につながる指導ができる指導者はそう多くないと指摘。現職の教員が休日の指導員を担当する形を「とらざるを得ないのが実情」だとした。「教員がいないと使用できない学校施設がある」「生徒指導・安全管理面で教員の力が必要になる場面がどうしてもあり、教員が離れきれない」という指摘もあった。

神谷拓・関西大学教授（スポーツ教育学）によると、部活の地域移行は、1970年代にも国が同様に推進したが、受け皿となる地域のスポーツクラブが不十分で、「失敗に終わった」（神谷教授）経緯がある。

現在も受け皿の整備が進んでいない点は同じだ。「地域に施設を整備し、指導人材を十分に雇えるほどの財政措置がなければ、また失敗する可能性が高い」

地域に指導者がいない場合、地域クラブに名前が変わっても教員が指導する状況は続きそうだ。神谷教授は「部活を学校から切り離そうとするだけでは働き方改革は進まない。学校の業務を軽減し、教職員の配置を手厚くするなど態勢の大幅な増強が必要だ」と指摘する。

実際、地域移行の先行きは不透明だ。スポーツ庁と文化庁は2022年12月、2025年度末までに全ての都道府県で休日の指導を外部に委ねるとしていた方針を変更し、明確な期限を設けないことを明らかにした。地域によっては指導者や施設の確保が難しく、各自治体からは「3年間での達成は現実的に厳しい」という意見が多く寄せられたため、より柔軟に対応できるようにした。

地域移行「後退」の衝撃

国が地域移行の期限をあいまいにしたことに、強い落胆を感じた教員もいる。

関西地方の公立中学校の30代女性教諭は、「国が本気じゃないと感じ、ショックだった」と話す。

約4年前から育休中。ソフトテニス部の顧問として、土日も関係なく部活指導をしてきた。

かつては、疑いもせず「部活指導は教員の仕事の一つ」と考えていた。結婚後、教員ではない夫に「働き方がおかしい」と言われたことがあったが、「先生という仕事はそういうもの」と答えていた。休めないことへの違和感はあったが、普段の仕事に追われてきちんと向き合うこともなかった。

ある日、「部活の休みがないから、たまには休みにしてもいいのでは」と別の顧問に提案したことがあった。すると「じゃあ先生は休んでいいですよ」と言われた。申し訳なくて、休むわけにいかなくなった。

SNSをみると、部活指導の負担を嘆く現役教員の投稿があふれていた。部活が教育課程外の活動であることや、仕事に定時があることも知ることができた。「おかしいって思ってよかったんだ」と気付いた。

この教諭は子どもが産まれ、育休をとった。管理職には、休日に活動のある部活顧問は難しいと伝えた。ただ、今は避けられても、子どもが大きくなったらまた休日も働くことになるかもしれない。

そんな不安から、女性は地域移行に大きく期待していた。「地域移行が実現しなければ、いつまで働き続けられるかわからない」


北海道の公立高校に三十数年間勤めたという60代男性は、部活動に肯定的だ。

バスケットボール部の顧問として、生徒の成長のため、勝利のために、どうすればよいか常に考え、研究してきた。生徒のメンタル面のケアなど、一筋縄ではいかないことも多く、難しいからこそのやりがいも感じた。休日も指導に打ち込み、家庭を犠牲にした面もあったが、長男や次男は父と同じ教員の道を選んだ。

男性は「部活があったから気持ちに張りが出て、教員の仕事を頑張れた。生徒にとっても特別な居場所だった。部活はマイナスばかり、というイメージが広がると寂しい」と話す。

ただ、改革の必要性はあるとも考える。未経験の競技の顧問を強《し》いられるのはおかしいと思うし、全教員が部活の顧問を務めなければダメだとまでは思わない。「特に教員1人あたりの授業時数が比較的多い中学では負担が大きく、地域移行は必然の流れだろう」と指摘する。

部活で退職に追い込まれる例も

暗雲立ちこめる地域移行の行方。一方で、過酷な部活動指導で心が折れ、やめていく教員もいる。

2019年8月、関西のある県の河川敷。公立中学校教員の30代男性は、とまらない汗を手でぬぐった。容赦なく照りつける太陽の下、草刈り機を黙々と押す。グラウンド近くの草むらに駐車スペースを作るためだ。このグラウンドで夏休みに開催される、ある球技の大会が迫っていた。男性はこの球技の部活の顧問をしていたことから、作業に駆り出されていた。

他校から集められた教員たちと草を刈り、生徒を乗せるバスの動きをシミュレーションして駐車位置を決め、区切り線を引く。そんな業務が1日に約10時間。大会が始まると車の誘導などに従事した。自宅から自家用車を使い、高速道路を1時間ほどかけて会場に通う。それが半月ほど続いた。

いま振り返れば、「なんでそんなことせなあかんのか」と思う。当時はうまくやり遂げなければならないというプレッシャーが大きく、疑問は持たなかった。

後に、交通費として3万円が振り込まれた。日当はなく、高速料金やガソリン代にも満たない金額だったが、感覚がまひしていたのか「ラッキー」とすら思った。

男性は2012年、中学の英語教員になり、すぐ運動部の顧問を命じられた。学生時代に野球部に所属していたこともあり、部活へのイメージは良かった。午前7時半からの朝練のために出勤し、すきまなく授業をして放課後は部活指導。それが終わると教材研究に取り組み、帰宅が午前0時を過ぎることもざらだった。部活指導に生かそうと、休日も自腹で買った本で勉強した。努力を重ねると、生徒が練習にさらに励むようになった。打てば響く感覚が心地よかった。

だが、年数を経ると、部活と授業の両立は困難になっていった。

学生時代に知り合った同い年の妻と結婚。15年に子どもが生まれた。子どもを風呂に入れるなどの家事をするため、早ければ午後7時には帰るようになった。一方で、部活は部員数が足りず、試合のときは近隣の中学と合同チームを組むことに。相手中学の顧問は熱心だった。同校の練習は長時間に及び、生徒の上達も早かった。やがて、レギュラーメンバーの多くを相手中学の生徒が占めるようになった。

保護者からは「向こうみたいに厳しくせんと、試合に出れん」などと言われるようになった。生徒からも「もっと練習したい」と言われた。休養日のはずの月曜日も練習することになった。スポーツ庁のガイドラインでは、週2日を休養日とすることになっている。管理職に言えば「休養日をつくれ」と言われるに違いない。そう思って黙っていた。

部活に費やす時間が増えた分、犠牲になったのは授業の準備だった。授業前に何もできず、「ぶっつけ」で臨むことが増えた。休憩の10分で教科書をざっとみて「こんな感じでいいか」と頭の中で計画する。「生徒に申し訳ない」と、納得できずにいた。部活の生徒同士のいざこざや、不登校への対応。うまくいかないことが積み重なった。「駐車場づくり」を担うことになったのは、そんな焦りを抱えていた時期だった。

依頼した校長は申し訳なさそうにしていたが、「断ってもいい」とは言わなかった。男性も「他にできる人がいないから」と、断ることは考えなかった。半月にわたる大会の後、夏休みの残りは部活指導に費やした。新チームの始動が遅れていたため、土日も含め、ハイペースで練習した。この夏休み、19年8月の休みはゼロだった。

2学期が始まった9月。朝起きると、強い不安感が襲ってきた。絶望的な気持ちで、何もしたくない。無理やり出勤したが、立っているのもしんどかった。力が入らず、頭がくらくらした。当時の男性の様子について、妻は「会話ができない。脳みそが限界を迎えていると感じた」と話す。

10月ごろに心療内科に行くと、「鬱《うつ》状態」という診断書が出た。校長に持って行くと「そこまで悪いと思わなかった」と言った。2カ月休み、翌年1月から職場に復帰した。体調に気を使い、無理をしないようにしたつもりだったが、部活の顧問は続けた。

10カ月ほど経った20年11月、再び症状が悪化した。出勤すると激しい動悸《どうき》がし、周囲に全てを否定されているような気がした。「子どもの気持ちはつかめないし、クラブもやれない。英語にも力がはいらん。なんもうまくいかん。こんなやる気ない先生から何をこの子らは得られるんやろう」。自責の念ばかりが頭を巡る。休職し、そのまま退職した。

部活という任意の活動で長時間労働が続き、授業準備までが犠牲になる。いま振り返れば、そのおかしさがはっきりわかる。当時はそれが当たり前だと思い込んでいた。部活指導に力を入れ、実績のある教員は、素行不良とされる生徒への統率力を持つことが多い。学校の「荒れ」を恐れる管理職は、その力を重宝する。

中には体罰を辞さない教員もいたが、問題にはならなかった。

男性は、生徒を型にはめて言うことを聞かせる指導は嫌いだった。ただ、男性のやり方は、少数派だったように感じる。子どもにやさしい教員をからかうような風潮まであったと思う。「部活指導で授業が犠牲になるのも仕方ないと思わせる雰囲気があった」

男性はその後、私立の中高一貫校に非常勤講師として勤務するようになった。授業に専念できて、体が楽で、ストレスもない。英語力を磨きたいという意欲も出て、勉強に打ち込むようにもなった。「ようやく楽しいという気持ちが出てきた」と思う半面、「教員は授業だけではいかん」とも思ってしまう自分がいる。

根本からの変革「ダウンサイジング」が急務

部活指導によって追い詰められる教員をなくすには、どんな対策が必要なのか。教員の働き方と部活動を巡る問題に詳しい内田良・名古屋大大学院教授（教育社会学）は「根本的なダウンサイジングが必要」と指摘する。

内田教授は、学校で部活動をすることの意義について「放課後の子どもの活動の機会

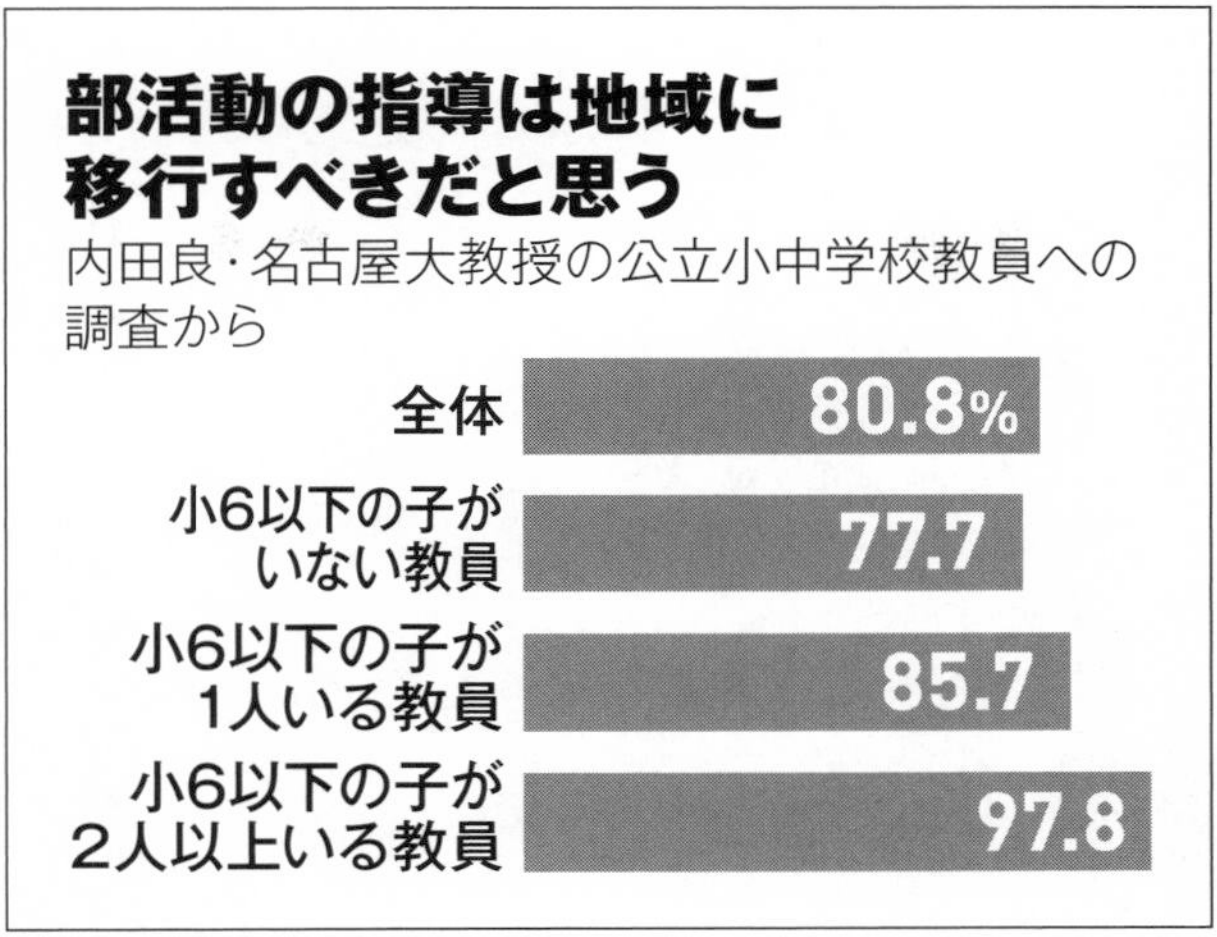

を、学校生活の延長として保障してきたという意味では世界に類を見ない制度で、生徒や家庭にとって大きな意義があった。教員も生徒との強い人間関係の中で、部活ならではの楽しさを味わう」と説明。そのうえで、「そうは言っても、希望しない教員が『ただ働き』に近い状況で、授業準備などの時間を犠牲にしてまで担うほどの理由はない」と言い、抜本的な改革の必要性があるとみる。

重要なのは、地域移行の確実な実施だという。内田教授が２０２１年11月に行った調査では、「部活指導は地域に移行するべきだ」との問いに「とてもあてはまる」「どちらかといえばあてはまる」と答えた教員は計80・8％にのぼった。実現するためには、担い手を雇える予算が必要だという。地域でスポーツ指導を担える人材は限られるためだ。

一方、教員の「ただ働き」に依存しながら肥大化してきた部活動をそのまま地域に移すのは不可能だともみる。そのために求められるのが、「部活動のダウンサイズ（縮小）」だ。

スポーツ庁は2018年に出したガイドラインで、中学校では週2日間の休養日をとるよう指針で定めているが、「それだけでは不十分で、活動日は週3日までを上限とするべきだ」と持論を述べる。そのため、例えば週3日までしか練習できないルールで大会を開くことなどを提案する。すでに週3日を上限とする方針を打ち出した自治体もあるという。そうすることで、勉強や地域活動など、部活動以外の重要なことにも時間をかけることが期待できるという。

一部の私立高校は競技志向の生徒の受け皿となっており、高校で一律に活動を規制するのは難しい面がある。ただ、内田教授は「高校教員の部活動負担も大きく、スポーツを特色としていない学校では何らかの上限を検討する余地はある」とみる。

こうしたダウンサイジングと地域移行を進めるのに必要なのは、まずは各自治体のリーダーシップだ。自治体が学校の実情に合わせて進めるとともに、文部科学省が先進的に取り組んでうまくまわっている自治体の成功事例を多く発信するべきだと内田教授は言う。

また、教員の働き方に強い影響を持つ保護者の意識をどう変えるかが重要だとして、「顧問が『できません』とはなかなか言いにくいので、校長が折に触れて説明するのがよい」と話す。先生の態勢がどのような状況にあり、それぞれが何を抱えていてどれぐらい大変なのか。活動を減らす必要があるとすればそれはなぜなのか。こうしたことを校長が保護者にきちんと説明するとともに、保護者を巻き込んでともに議論するなどの努力もすることで、理解が得られる可能性が高まるという。

第4章　ぼやける公私の境

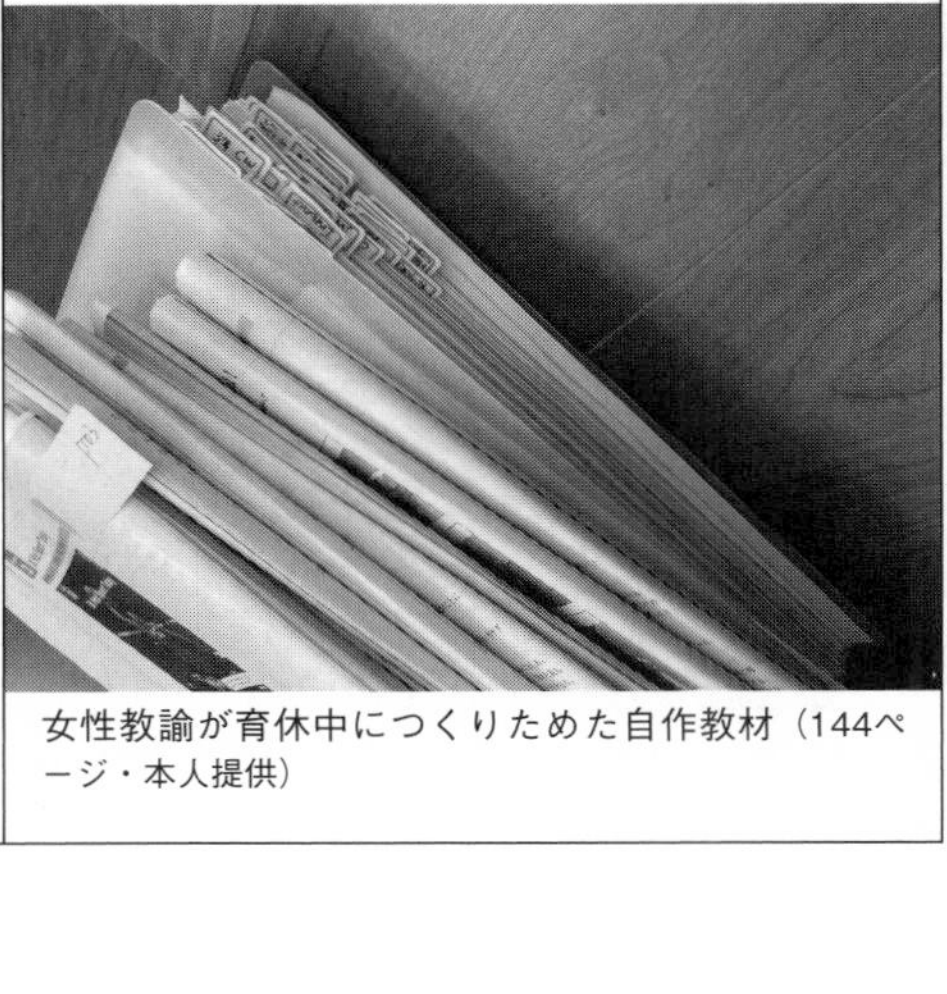

女性教諭が育休中につくりためた自作教材（144ページ・本人提供）

「オン」と「オフ」があいまいな実態

いくら残業しても給与が変わらず、労務管理の意識を学校から遠ざけてきた給特法。土日も夜も関係なく教員が学校に居るのが当然という風潮を助長してきた部活動。こうした学校特有の制度や慣習を背景に、教員の一部はオンとオフとの境界がはっきりしない働き方をしてきた。

「仕事をしていると思っていなかった」

ある中学校の30代教員が取材に対し、20代の頃の長時間労働を振り返って語った言葉だ。

運動部の主顧問を務め、朝練がある日は午前7時過ぎに学校へ。授業と部活動などを終え、午後6時半に生徒が帰ると、買ってきた夕食を職員室で口にし、翌日の授業の準備や事務作業に取りかかる。帰宅は午後9時を過ぎるのが常で、未明にタクシーで帰ることもあった。土日はほぼ毎週、練習や試合があった。試合の後は他校の教員との飲み会。次の練習試合を組んでもらおうと、飲みながらお願いすることが多かった。休みはほとんどなく、24時間教員だったという。

取材では、こうした「仕事（＝オン）」と「家庭（＝オフ）」の境がほとんどなくなっている教員の話を多く耳にした。特に部活動の顧問をしている教員には、土日もいとわず働く傾向があった。

ただ、こうした働き方ができるのは若い一時期のみ、というケースが多かった。先述の30代教員も、結婚して子どもができると、公私のバランスに悩むようになる。取材した多くの教員に、この変化は共通していた。

内田良・名古屋大大学院教授が２０２１年11月に公立小中学校の教員に行った調査では、「部活指導は地域に移行するべきだ」との問いに「とてもあてはまる」「どちらかといえばあてはまる」と答えた教員は計80・8％であったことは前述の通りだ。さらに、このうち子どもが２人以上いる教員では97・8％と大半を占めた。内田教授は「休日ぐらいは自分の子と向き合う時間がほしいという、教員の切実な願いが表れている」とみる。

だが、こうした教員の願いとは裏腹に、子育てとの両立がしにくい実態が一部にある。

ある女性教諭のエピソードを紹介する。

産休中も生徒にばれないように出勤

「いつから産休に入るの?」

関東地方の公立中学校の30代女性教諭は、教務主任からそう聞かれて驚いた。

産休はもう2日後に迫っていたからだ。

校長に伝えていた予定が、立場のある教員にすら伝わっていない。

「今週からですけど」

答えると、主任も驚いた。

数年前の年度末のことだった。2人目の子の出産予定日は2カ月後に迫っていた。

校長に妊娠を伝えたのは前年の夏。だが、担当する授業を受け持つ代わりの先生が見つからないまま、時間が経っていった。産休などの代替教員候補者のリストは、教育委員会が毎春に更新して順番に声をかけていく仕組み。年度末になると候補が尽きて新たに探さなければならず、見つかりにくい傾向がある。

校長に聞いても、「いま探している」と繰り返すばかり。次が決まるまでは、他の教員に発表しない方針のようだった。

「俺が授業するかもしれない」と、冗談とも本気ともつかないようなことも言われた。担当する授業を誰に引き継げばよいかもわからないまま、日に日におなかが大きくなっていく。

引き継ぎ先がいないことで、女性はやがて、最終手段をとらざるを得なくなる。それは、産休中に出勤し、こっそり仕事をすることだった。

女性はこのころ、1日に5コマほど授業し、空き時間に授業準備や採点、会計などの事務作業をこなしていた。運動部の副顧問も担っていた。

1人目の子の保育園の迎えがあり、午後6時に学校を出ないと間に合わない。部活の練習は基本的には主顧問が担当していたが、生徒にけがやトラブルがあれば対応しなければならない。放課後に生徒同士のけんかがあって相談を受けたのに、解決しないまま学校を離れざるを得ないこともあった。「死ぬ気でやらないと終わらない。毎日が勝負だった」という。

それでも、産休に入る日が近づいてくる。

少しずつ授業で使うプリントをつくりためて、同じ教科の担当教員に個別に引き継いでいった。周囲はみんな自分の授業や部活動に手いっぱいで、声をかけるのも気が引けた。実際、あからさまに嫌そうな顔をする人もいた。「大変さはわかるから仕方ない」。そう思うしかなかった。

ただ、どうしても引き継げないことがあった。定期テストの採点だ。産休に入る時期は、ちょうど学年末試験の直前だった。自分で試験問題をつくったのに、採点を人に任せなければならない。生徒数も多く、どんなに急いでも最低6時間はかかる大仕事だった。ほかに通知表の作成や、生徒の学習記録をまとめた指導要録の作成もあった。

引き継げば、他の教員の時間外労働をまるまる増やすことになってしまう。

「産休に入るからと言えば、嫌でも断ることはできない。だからこそ、テストの山を渡して『はいお願いします』とはどうしても言えなかった」

管理職は調整してくれなかった。女性の経験上、産休中に仕事する教員は少なくなかった。ほかに仕方がなく、自ら校長に言った。「私が採点してもいいですか」。校長は止めなかった。

産休開始後の平日昼、生徒に見られないように職員室に通った。体調を心配した高校教員の夫からは「行かなくていいんじゃない？」とやんわりと止められた。仕事を割り振るのは管理職の仕事で、任せてしまえばいい。それが夫の言い分だった。

それでも、責任感の強い性格もあって、やらずにはいられなかった。最終的には夫も「逆にもやもやするなら仕方ない」と理解を示した。採点と成績処理を無事にやりとげ、産休と育休に入った。

すると、なぜそこまでしなくてはならなかったのか、考えるようになった。管理職の対応に、大きな疑問がわいた。思わず、スマートフォンのメモ帳に言いたいことをつづった。

「産休中に仕事しなくてもいいように何か配慮をしたのか」

女性は20代のころ、自分の仕事はなるべく人に頼まずにやってきた。土日も関係なく出勤し、他の教員が敬遠するような雑務もすすんで担った。だが、子どもが産まれると、家のこともないがしろにできなくなった。仕事を変わらずやり遂げたい気持ちと、自分の子を疎《うと》ましく思わないよう、ゆとりを持って接したい気持ちと。仕事への姿勢をめぐり、葛藤《かっとう》を感じ始めた。

夫は人に頼めることは頼み、効率的に仕事をするタイプ。その影響もあって、少しずつ仕事を周囲に頼むようになった。同時に、周囲の教員に引け目を感じることも増えた。自分より若い教員が仕事に打ち込むなか、職場を後にすることへの申し訳なさ。罪悪感に似た気持ちから、頼もうと決めた仕事でも結局自分でやってしまうこともあった。

「この気持ちとはずっと付きあっていかなければならない」と思う。

その後、2人目の育休を終えて職場復帰した。朝、支度に手間取る小学生の長男を送り出す。その後、長女を保育園へ送ってから学校へ。授業をし、放課後まで事務作業。そんな慌ただしさは変わっていない。学習指導要領が新しくなったからか、以前よりも授業準備に時間がかかり、自宅でも仕事をするようになった。

それでも、夫が子のお迎えに行くなど、協力してなんとか乗り切った。「やっぱり、休んでいるよりも充実感がある」。できるなら、ずっとこの仕事を続けたい。気持ちは変わらない。だからこそ、職場をよりよくしたい思いがある。

上司にあてたメモは、今もスマホに残っている。いつになるかはわからないが、直接疑問をぶつけてみたい。対話を通じて、少しでも教員の仕事が変わるかもしれない。そんな希望を、まだ捨てていないから。

「妊娠は夏以降に」――管理職から指示された妊娠時期

2018年の春。関東地方の私立小学校の教員だった30代の女性は、荒れたクラスの学級運営や保護者対応に、疲れ果てていた。身も心もボロボロだった。「担任からおろしてほしい」。管理職に何度も訴えた。「仕事でうまくいかなかったことは、仕事でしか上書きできない。自分のためにも乗り切って」。返ってくるのは、そんな言葉ばかり。絶望感が募った。「いくらつらさを訴えても、やめさせてもらえないんだな……」

ストレスからか、嘔吐《おうと》を繰り返し、起き上がれない日もあった。

何とか乗り切り、ようやく担任期間が終わろうとしていた19年の春。不妊治療をしていることを管理職に打ち明けた。2年ほど治療を続けていたが、子どもを授かれずにいた。年齢的にも、先延ばしできない。夫婦とも検査結果に異常はなく、医師からは「ストレスが原因かもしれない。働き方を変えて」と言われていた。

管理職に打ち明けて数日後、呼び出され、こう告げられた。「妊娠は夏以降に。年度途中で産休に入るのは、保護者の心証が悪いので避けて」

「仕方がないな」と思う一方で、「そんなこと言われるんだ……」と失望した。コロナ禍で負担がいっそう増すなか、その後も勤務を続けたが、もう限界だった。子どもの頃からなりたいと願い、ずっと続けるつもりで始めた教員の仕事。およそ10年で、終止符を打った。

小中学校で、若手の離職は増加傾向にある。文部科学省は3年ごとの「学校教員統計調査」で、年代別の教員数や離職者数を公表している。教員数は調査年度の10月1日現在、離職者数は前年度の1年間と、調査時期が異なり正確な比率は出せないが、20〜40代の離職者の割合は、およそ1・69％（13年度）→1・75％（16年度）→1・83％（19年度）と増加。特に20代は、いずれも約2・5%となっている。離職理由は、20代は「転職」（23・2%）▽「家庭の事情」（22・1%）▽「精神疾患」（11・0%）の順に多く、30代は「家庭の事情」（34・4%）▽「転職」（25・8%）▽「精神疾患」（6・6%）となっている（19年度調査）。

女性は退職した今も、夢に学校が出てくる。先輩に叱られる寸前の場面、保護者対応に失敗して落ち込む自分……。異常な働き方だったな。学校を離れたいま、あらためて思う。通勤は片道1時間。朝7時すぎに出勤し、30分後には子どもたちが登校してくる。子どもたちがいる間は片時も気を抜けない。

1年生の担任だったある日の給食では、皿をひっくり返した子、おもらしをした子、吐いた子の対応に、同時に追われたこともあった。夕方4時ごろに子どもたちが下校してから、出勤後初めてトイレに行く毎日だった。

さらに授業準備、保護者へのお知らせづくり、テストの採点や業者への対応があり、夜9時まで学校に残った。休日出勤までしても、きりがないほど仕事があった。教員になって最初の年は、1年で8キロやせた。

「若いから」という理由で、ICT（情報通信技術）導入の担当も任された。子どもたちが使うタブレット端末に、どんなアプリを入れるか。カリキュラムにどう組み込むか。無線LANのルーターは校内のどこに置くか。業者と打ち合わせを重ね、学外の勉強会に参加して一から学んだ。

体調不良や、問題の多いクラスを受け持った時は、同僚にサポートしてもらった。「ご恩返し」の思いもあり、頼まれごとは極力引き受けた。卓上は、頼まれごとを記した付箋《ふせん》だらけになった。「いつしか、『とりあえずあの人に聞こう』という対象になってしまった。便利屋だったと思う」

こうした業務の傍ら、子どもたちのトラブルや保護者対応が、イレギュラーで飛び込んでくる。

当時、特にきつかったのは、どこからどこまでが教員の仕事なのか、はっきりしないことだった。「これ以上もう何もできない」というくらい、授業の準備やトラブル対応や頼まれた雑用に時間や労力をつぎ込んでも、「やって当たり前」と見なされる。

評価には結びつかない部分で、「子どものために」と多くの時間を割き、対応する同僚たちの姿も多く見てきた。

あるとき、家庭の不和が原因で、登校できなくなった子がいた。その子の担任だった同僚は、何時間も電話で母親の相談に乗り、さまざまな支援先につなげた。母親の気持ちが落ち着き、子どもは再び登校できるようになった。女性は、連日母親の話に耳を傾けていた同僚の行いが、奏功したと思っている。「どれだけの子どもや親が、こうした教員の『自主的な行い』で救われていることか」

勤務校では、女性と同時期に、3人が退職した。キャリア10年前後の30代女性ばかり。「ワンオペ育児」との両立や、過労による体調不良に苦しんでいた。経験を積むことが大事なのはわかっている。でも、熱心な先生ほど、経験を積む途中で燃え尽きてしまう。「まるで、使い捨て。日本の教育は本当に崩れかかっています」

「学級担任だけは無理です」と伝えたのに

学校のある平日、関東地方の公立中学校の30代女性教諭の一日は午前3時半に始まる。

外はまだ真っ暗。子どもたちを起こさないよう、2階の寝床を抜け出す。1階リビングの机に向かい、英語の教科書をめくる。この日にある授業の準備に1時間ほどを費やす。5時ごろから洗濯、夕飯の下準備、掃除。6時に子どもたちを起こし、7時前に家を出て保育園へ。2021年6月、3人目が生まれて産休に入るまで、そんな慌ただしい朝を過ごしていた。両親は遠方に住み、夫は会社員で朝早く帰りは遅い。仕事があるときでも、「ワンオペ育児」にならざるを得ない。

夕方、午後6時半の保育園のお迎えに向け、校舎を飛び出す。夕飯と風呂を済ませ、9時ごろに子どもと一緒に寝床に入る。産休前、常に「こんな生活は続けられない」と感じてきた。

心が揺れるのは、忙殺されてきた日々への不満だけが理由ではない。子育てのための時短勤務制度を使ったのに、実際には早く帰れない。そんな理不尽な職場への不満が、今も消化できずにいるのだ。

「学級担任だけは無理です」

1人目の子の育休から復帰する直前、女性は管理職にそう伝えた。同時に申請したのが、退勤時間を90分早められる制度だ。子どもの保育園のお迎えとその後の家事の時間を考えてのことだ。時間通りに帰るとすれば、5時間目の途中に学校を離れることになる。担任をするのは、物理的に不可能だと思っていた。

だが、管理職は「復帰するなら普通に働くでしょ?」と、担任になるよう打診してきた。聞くと、ほかに2人が育休に入ったこともあり、ほかに適任者がいないのだという。結局、2年生の学級担任をすることになった。担任は6時間目のあとの帰りの会を担うのが原則だが、管理職は「帰りの会は副担任に任せて帰っていいから」と言った。

ただ、実際にやってみると、帰れない日が少なくなかった。合唱コンクールの放課後練習、三者面談、生徒のトラブル対応。定期テスト後の数百人分の採点。行事などが重なる2学期には、放課後まで残ることの方が多かった。

保護者に「いつもいない人」と思われるのがいやで、放課後にはよく家庭に電話し、子どもの近況を伝えた。自宅からやりとりすることもあった。一方、制度を利用したことで給与だけは減った。「あまり意味がなかった」と振り返る。

授業は限界まで受け持っていた。担当教科の英語は週20時間。これに、担任が担う道徳や学活、総合的な学習の時間も加わって授業は週24時間。時短勤務で6時間目に授業が入れられないため、最大は週25コマだ。1コマ分しかない空き時間も、試験監督などでつぶれることがあった。

文化部で活動は少ないものの、部活顧問も担った。昼休みも生徒を見たり、委員会の準備をしたり。休憩時間はなかった。

授業準備は学校では一切できないため、教材を自宅に持ち帰る。夜は子どもと一緒に寝てしまうので、早起きして仕事をする必要に迫られた。それが頻繁になり、未明に起きる生活が習慣になった。

「一日中仕事。教員の善意ありきで学校が成り立っているのはおかしい」

文部科学省によると、2018年度に公立小中高校、特別支援学校などで育休を取った女性教員は4万3637人。同時期に子が生まれた女性の97%が育休を取得していた。一方、勤務時間を短縮できる「部分休業」を利用したのは3449人と1割未満。復帰後に子の送り迎えなどに使えるはずの制度が、十分に利用されていない実態が浮かんだ。

地方公務員全体では、20年度に育休を取った女性の数に対し、部分休業取得者の数は4割近くに上った。

過酷な勤務は、女性が若手の頃から変わっていない。教員になった直後、いきなり未経験の球技の部活顧問に任命された。ルールもよく知らないのに、6月には大会で審判をやるように言われた。5月の大型連休は、ルールを覚えたり、審判の練習をしたりするのに費やした。審判着は自腹で買った。大会の引率は休日で、土日のどちらかは部活ということが多かった。

生徒会の奉仕活動の引率などもあって、土日の両方ともが勤務になることもあった。5年間で年休は1日しか使えなかった。当時は他の業界を知らなかったこともあり、「こんなものか」と思って我慢していた。だが、家庭を持った今はこう思う。「自分の子どもには絶対に教員をやらせたくない」

ここまで多忙な理由は明らかだと女性は思う。圧倒的に人手が足りないのだ。1人目を妊娠したときのこと。ほどなく管理職に伝えたが、代理の教員が見つからないという。6月末に産休に入ったあとの7月、通知表づくりを頼める人が見当たらず、自ら出勤して担った。代わりが見つかったのは、産休に入って2カ月後になってからだった。

1クラスを2人で担当して、どちらかが休みになっても対応できるぐらいにしてほしい。実現性はよくわからないが、そうしないと回らないぐらい、現場は追い込まれていると日々感じる。

ふと思う。この先もずっと、午前3時半起きの生活が続くのか。想像すると、無理だと思えてくる。自分の子の入学式が勤務校とかぶった時に、仕事を優先する先輩を見てきた。それでいいのか。幼い子を見てつくづく思う。

今更転職できるとも思っていないが、違う道もあるのではないかとの思いが消えない。

教員の私生活を取り戻すには

私生活と仕事のバランスが崩れている教員の働き方を、どう変えていけば良いのか。現職の教員に聞いてみた。

東京都立高校の50代女性教諭は「子育て中の教員の帰る時間に配慮したり、相談に乗ったり、まずは自分の行動を変えたい」と話す。20年ほど前に自身が産休に入る際、休業中に定期試験の採点や成績処理などをするよう管理職から頼まれたという。医師から静養を指示されていたため断ったが、復帰後も保育園のお迎えで早く帰る分、土日の出勤を求められるなど余裕のない日々だった。

いま、当時よりさらに仕事が増え、職場全体に余裕がなくなっていると感じる。雰囲気を感じ取ってか、小さい子がいる教員が仕事を肩代わりする別の教員に「申し訳ない」と口にすることも少なくない。女性は都度、「いずれ他の人の仕事を引き受けられるようになる」と伝えているが、より気に病むことなく助け合える職場をつくりたいとの思いがある。

「（勤務校を）地域の働き方改革先進校にすることを目指しています」と話すのは、千葉県の公立小学校の40代男性教頭（当時）。これまで、通知表の所見欄や家庭向けの学年便りを保護者の了解を得て一部廃止。出欠席をオンラインで登録できるようにし、朝の欠席の電話受けの業務を縮小した。特に通知表の変更は教員から保護者の反応を心配する声も出たが、実際にやってみるとクレームはなかったという。「前例と違うことをするのは勇気がいるが、変えないと教員がつぶれてしまう」と話す。

ただ、教頭としての働き方は改善される見込みがない。午前7時半に出勤し、学校を出るのは毎日のように午後9時を過ぎる。学校から外部に出す全ての書類に目を通し、タブレット端末管理や教員の研修予定の承認など、事務作業は校内の誰より多い。教員の負担を減らすため授業にも入る。「お金をかけて人を集めないことには抜本的には変わらない」とも感じる。

会議に保護者も参加してもらったら変化が起きた

学校での働き方改革を進めるにはどうしたらいいのか。ワーク・ライフバランスの小室淑恵社長は学校での働き方改革が進まない理由について、「保護者との関係が大きい」と指摘する。同社のコンサルティングでは、まずは教職員に集まってもらって会議を開き、職場の仕事を全て書き出して、減らせないか、外部に移管できないかを徹底的に考える。その際、先生から必ず出るのが、「保護者がどう思うか」という懸念《けねん》だったという。

自分たちはやめたいと思うことがたくさんあるけど、やめたら保護者に「教員が楽をするための働き方改革だ」と思われるのではないか。「考えた末、どれもやめられないという状況だった」

そこで、ある学校では会議に保護者にも参加してもらった。すると、保護者は先生たちが子どもに向き合う余裕がない状況を実感し、改革の必要性を認識してくれたという。「事務作業を何個クリアしたかではなく、子どもに向き合い、授業の質を上げる時間を確保する必要があるという点で保護者も先生も同じ方向を向いていることがわかった」

地域行事の手伝いや登校中の誘導など、むしろ保護者の側から「やめてよいのでは」と言われた業務もあった。多くの企業で働き方改革が進んで、親たちの意識も変わってきていると感じるという。

改革したことで、様々な好影響が出た。夕方以降の電話を留守番電話にした学校では教員だけでなく、保護者の改革への満足度も高いという結果が出た。改革をした学校の方が、そうでない学校よりも学力が高い傾向にあるという調査結果も出た。小室社長は「要因は分析が必要だが、教員が授業に集中しやすくなったことが背景にあるのではないか」とみる。

校長、教頭ら管理職の意識が低ければ、長時間労働の改善の障壁になりうる。これまでサポートに入った公立校でも、「労働時間の記録がないので出せない」と言い張る管理職が何人もいたという。現状を改善しようとするのではなく、隠そうとしてしまうのだ。

小室さんは言う。「学校では管理職の権限が非常に大きい。本気になれば、できることはたくさんある。例えば、定期テストの後は採点で教員が残業することが非常に多い時期だが、その後1週間ほど授業時間を短縮して残業せずに採点できるようになった学校があった。夏休み中の水泳の補習をやめることで、休日出勤が大幅に減った学校もある」

管理職の意識を変えるためには、「労働時間を把握し、改善のための具体的な行動をすることを管理職の評価項目に入れて、やっていなければ降格されるような評価制度を導入すべきだ。また、管理職の研修で、最新の働き方にもっとフォーカスすることも有効だ。一定の休息を強制的に確保する『勤務間インターバル制度』の導入も急務だ」と指摘する。

勤務時間の改ざんが横行

産休や時短勤務制度といった、子育てのための制度が正しく運用されず、家庭生活のための時間が仕事に使われてしまう実態をみてきた。こうしたずさんな勤務管理は、日々の勤務時間の記録にも影響を及ぼしている。残業時間を少なく見せかけるため、校長や教頭といった管理職が書き換えさせたり、教員本人が偽ったりすることが横行しているのだ。

ある日の放課後、北陸地方の公立小学校で、若手の女性教諭が学校備え付けのパソコンに向かっていた。

表計算ソフトにまとめて勤務時間を入力する作業。ある程度進めると、月の時間外労働時間が「過労死ライン」とされる80時間を上回ることに気付いた。

「超えるかもしれません」。女性は、少し離れた席にいる管理職にそう声をかけた。働き方改革で、この管理職から80時間を超える場合は報告するよう言われていたためだ。管理職は席を立ち、近づいてきてパソコン画面をのぞき込んだ。そしてこう言った。

「全部8時からにしちゃえ」

女性は毎朝、午前8時よりも少し前に出勤するのが習慣だった。これを一律、8時に遅らせて少し勤務時間を削る。そんな提案だと受け止めた。親身になってアドバイスしているという口ぶりだった。女性は自ら、出勤時間を8時に書き換えた。

2019年に文部科学省が出したガイドラインで、教員の時間外労働は「月45時間、年間360時間」と上限が決まった。特別な場合でも、複数月の平均が「過労死ライン」とされる80時間を超えないようにすることになった。それから常日頃、80時間を超えないよう管理職から指導されるようになった。「精神がおかしいと思われて病院に行くことになります」。当人が不利益を受けるという理屈で、何度も念を押された。

教員の仕事にかける時間は、授業準備など個人の裁量で大きく伸縮する部分が少なくない。そのため、最近まで勤務時間を把握する習慣がなかった学校もある。

「多すぎたので細工した」「ごまかしといた」。女性は他の教員からも、勤務記録を自分で書き換えたと聞いた。「どの学校もこういうものなんだろう」。そう思い、さほど気にはしなかった。だが、勤務時間を巡る疑問は、それだけにとどまらなかった。ある日、管理職からこう言われたのだ。

「1日、削っといたから」

授業準備が終わらず、やむを得ず土日に出勤していた月だった。時間外勤務は80時間を超えたが、そのまま提出していた。実際にそれだけ働いたのだから認めてほしいという思いもあった。管理職の説明では、休日1日分の勤務を全て消し、結果的に時間外労働は79時間になったという。「オーバーしてたから」。管理職はこの時も、自分を気遣ってくれているような口ぶりだった。

普段お世話になっている上司。とっさに「ありがとうございます」という言葉が口からでた。だが、時間が経つと疑問がわいた。「なんで減らさないといけないの」

気持ちが収まらず、他の学校の先輩に聞いてみたが、「超えるといろいろ面倒くさいぞ」と諭された。友達に話しても「超えても給料変わらないんでしょ?」と問題視していない反応だった。それでも、怒りはとまらなかった。

「私のやった仕事は79時間でできるものではない。頑張ったのに、なかったことにしないで」

教員になって約10年。毎年学級担任を持ってきた。勤務記録を書き換えられた年度は特に、受け持ちの児童数が約40人と多く、長時間労働に苦しんでいた。コロナ禍で、出勤直後から、やってくる児童の検温カードをチェックするようになった。忘れた子の対応をしていると保護者からの欠席連絡があり、校内放送で呼び出されたこともある。その後は立て続けに授業。ほぼ毎日1コマずつの空き時間は、約40人分のテスト採点や、委員会の準備などですぐに過ぎた。

午後3時ごろに児童が帰ると、保護者に電話しなければならない。休んだ子に宿題を伝えたり、けんかやトラブルを報告したりしなければならないからだ。若いからか、上から目線で接してくる保護者も少なくない。なかには「うちの子に何してくれたんだ」と怒鳴り、30分以上話し続けることもあった。受話器を手に、時に涙を流した。

保護者から電話があり、「子どもの言っていることと学校の言っていることが違う」と責められることもあった。家庭で子どもが勘違いしたまま伝えたり、叱られたくなくて脚色をしたりすることがしばしばあるからだ。

電話がなると心臓がドキドキするようになった。電話のあとも、職員会議に向けた資料づくりや学級便りの執筆、管理職からの連絡事項、研究授業の打ち合わせ……。気付けば外は真っ暗。そんなことが何度もあった。

それでも、授業準備にはできる限り時間をかけた。進度が遅れ気味の教科があれば、穴埋めプリントをつくって効率化した。タブレット端末を使う授業があると、事前に子どもが入力できるフォームをつくった。大急ぎで作業しても、退勤時間は午後8時を過ぎた。自宅に持ち帰ることもあった。「明日に追いつかれる」。いつも焦りがあった。

学期末はこれに通知表の作成が加わる。子どもの評価は特に保護者からのクレームがつきがちだ。客観的に説明できるよう、テストの点数や日々の行動の記録を整理し、慎重に書きぶりを決める。平日には到底終わらず、土日に出勤することが増えた。

自分なりに効率的に取り組んだつもりでも、残業なしには仕事が終わらない。「早く帰れという割に、仕事が減らない」。勤務を書き換えられて感じた怒りは、理不尽な現状に向けたものだった。

それでも、管理職を責める気にはなれずにいる。自分より忙しく働く姿を見ているし、部下の長時間労働があると評価に響くのだろうと同情もする。県の教育委員会も教員のなり手不足に悩み、働き方改革が進んでいるとアピールしたいのだろう。では誰が悪いのか。現場からでは仕組みがよくわからず、解決策が見いだせずにいる。

これまでよく辞めずに続けられたと、振り返って思う。もう無理だと思うことは何度もあった。でもそのたび、察した同僚が話しかけてくれ、「差し入れ」といってお菓子を机に置いた。小さな気遣いに癒《い》やされ、乗り切れた。

楽しいと思うこともある。残業して教材を自作しているとき。「明日見せたら子どもたち喜ぶかな」。想像し、わくわくする。空きコマに自ら他の先生の授業を見て勉強したとき。もっと良い授業ができると、前向きになる。「大変や大変やといいながらやっていくのかも。この仕事がやっぱり、好きなのかな」

ただ、もしあのときのような働き方をしろと言われたら、やっぱりもう続けられないかもしれない。

公立小中の教員6人に1人は「勤務時間改ざんを求められたことがある」

学校の働き方改革を推進してきた文科省は近年、勤務時間の適切な管理を重視してきた。2017年には「労働法制上求められる責務」として勤務時間の記録を各教委に通知した。19年のガイドラインでは、出勤から退勤までの時間を労働時間とみなして正確に把握するよう求めた。文科省の担当者は「労働時間を把握することで長時間労働の原因分析や改善につながる」という。

ただ、報告は各校にゆだねられ、正確に実態を反映しているか検証するすべはないのが実情だ。

内田良・名古屋大大学院教授が2022年5月に発表した、公立小中学校の教員を対象にした調査結果では、過去2年ほどの間に書類上の勤務時間を少なく書き換えるように求められたことがあるかとの問いに、小学校で15・9%、中学校で17・2%が「ある」と回答。全体で16・6%に上った。6人に1人程度の計算だ。

土日の勤務時間を正確に申告するかどうかは、小学校の43・0%、中学の27・6%が「いいえ」と回答した。一定数の教員が上司からの指導を避けようと労働時間を実態より少なく報告しているとみられる。

持ち帰り仕事も含めた残業時間を聞くと、小学校は月平均で98時間、中学は114時間に上った。全体では105・6時間に上り、文科省がガイドライン（指針）で禁じている月100時間を超えた。

また、「準備不足のまま授業に臨んでしまっている」かどうかの問いには半数以上が「そう思う」と答えた。残業時間が長いほどこの傾向が強く、最長の「週40〜59時間」の層では7割に上った。「いじめを早期発見できるか不安だ」との設問も同様で、残業時間が最長の教員の8割以上が「不安」と回答。教員の長時間労働の影響が子どもの学習や生活に影響しかねない状況だ。

内田教授は「過少報告や持ち帰り仕事で、教員の勤務時間は正確に把握されていない。文科省はまず総業務時間を調査してほしい。そもそも教員に時間管理の意識が浸透しないのは、給特法下で申告がいい加減でももらえるお金が変わらないからだ。この法律を廃止し、そのうえで人員を大幅に増やす必要がある」と話す。

大阪大学の高橋哲准教授（教育法学）は「勤務記録の書き換えや過少報告は管理義務に違反し、地方公務員法上の懲戒の対象になる可能性がある」と指摘。そのうえで「時間外労働を容認して上限を設けるという国の制度の欠陥が、学校を不正処理せざるを得ない状況に追い込んでいる」とみる。

4％の教職調整額を給与に上乗せする代わりに残業代を出さない給特法が、現場では「定額働かせ放題」の制度だと受け止められ、長時間労働の温床と指摘されてきた。文科省も時間外労働の多くを「自主的、自発的な勤務」とみなし、一定程度容認している。高橋准教授はこうした現状について「労働基準法に違反した、ただ働き。上限を超えなければ残業してもいいという指針は違法性が高いうえ、労働時間抑制に機能もしていない」という。

違法状態を解消するには、現在4％の教職調整額を少なくとも20％以上に引き上げたり、残業しなくてもすむほど十分な教員数を配置したりするなど抜本策が必要だとみる。財政負担は巨額に上るが、「労働条件だけでなく、子どもの学習環境の問題。先生が余裕をもって子どもの声を聞けるよう、正規の労働時間で仕事が終わる方法を考えるのが行政府と立法府の責務だ」と話す。

時間外労働130時間が78時間に改ざんされていた

勤務表の改ざんが公的に認められたケースもある。

愛知県のある市の市立小学校に勤務していた50代男性教諭は、教務主任を務めていた2021年4月、時間外労働が国の指針で超えてはならないとされる100時間を超える130時間となった。過労死が懸念されるレベルの多さだ。

教務主任として、提出書類の締め切りに追われた。特別な支援が必要な子が多く、支援員の人手が足りず、カバーすることにもなった。新型コロナウイルスによる一斉休校などがあった20年度が終わり、新規感染者数が一時的に少なくなっていた時期。年度当初に必要な提出書類の処理などが重なり、多忙を極めていた頃だ。

すると同月末、管理職から80時間以内におさめて提出するよう示唆《しさ》された。この市では、カードによる打刻システムを使用し、パソコンにその時間が記録されていたが、教員本人や管理職による書き換えが可能だった。

男性は拒否した。後で知ったが、市教育委員会に報告されていた勤務時間は、4月は78時間だった。管理職が改ざんして提出していた。この年度に赴任した校長は、周囲に罵声《ばせい》を浴びせる人だった。男性はその後、叱責《しっせき》を恐れて自ら勤務時間を過少報告するようになった。

土日はタイムカードの打刻をしないようにした。管理職と土日に何度も会っていたが、勤務時間は「0」。それでも、勤務時間を正確に記録するよう指導されたことは1度もなかった。

夏ごろから、自宅でも笑うことが少なくなり、楽しいと思うことがなくなっていった。自宅での勤務も含めて自ら記録したところ、10月には142時間となり、11月も114時間に上った。

12月中旬の日曜日。出勤したが、強い不安に襲われた。記憶が途切れ、目覚めると、病院のベッドにいた。路上で倒れていたのだという。凍死の危険性もあったことに思い当たり、慄然《りつぜん》とした。

男性は休職し、22年10月、愛知県人事委員会に対し、勤務時間の是正などを求める要求を出した。人事委は23年6月、管理職が勤務記録を改ざんしたことを認め、男性の要求通りに修正するべきだと判定した。

男性は振り返って思う。もし、残業代が出る制度であれば、管理職はいやでも勤務管理をしなければならなくなり、仕事の調整も含めた対応を迫られていただろう。残業代を一切出さない給特法がなければ、命の危険にさらされることもなかっただろう。

「学校には『時間外手当が出るわけじゃないからいいか』という感覚がある。改ざんは給特法があるからこそ起きたと感じる」と話す。

第5章　いま、教員は

駅で夜景を眺める男性教諭（67ページ）

子どもへの影響

これまで、教員の長時間労働の実態と、その温床となっている給特法の仕組みについて見てきた。

こうした問題は、教員という一業種の労働問題にとどまるものではない。多くの子どもの学びにかかわる問題ととらえられてしかるべきだ。

教員が、平日に連日11時間以上働いて疲弊し、土日も出勤して公私の境がなくなり、仕事の内容も子どもに向き合う事より事務作業や会議に時間が割《さ》かれる。こうした状況では教員が子どもの悩みや異変に気付くとか、小さな成長を見逃さずに褒めるといった、本来の役割を果たせなくなるかもしれない。子どものそれぞれが学び、活動し、教員がその姿をじっくりと見守る。そんな本来の学校の姿に影響が出かねない状況にあるといえる。

心配になるデータはすでに出ている。

文部科学省が毎年実施している「児童生徒の問題行動・不登校調査」の2022年度の結果によると、不登校の小中学生は過去最多の29万9048人。このうち、スクールカウンセラーやスクールソーシャルワーカーといった、専門職の相談先とつながっていない▽教育支援センターで学習指導などの支援を受けていない――など、学校内外の専門機関とつながっていない児童生徒も過去最多の11万4217人で、38・2%を占めた。

この割合は年々高まっており、文科省の担当者は「支援を受けないまま不登校が長期化すると、学習の遅れや対人面の経験不足など子どもに影響が出かねない」と懸念する。地域によっては、学校へのこうした専門職の配置や教育支援センターへの人員配置が不十分といい、態勢の充実を図るという。

不登校が増える要因は、コロナ禍による学校行事の縮小や子どもの間でコミュニケーションが取りにくくなったことなどが指摘されているが、各人によって様々で、一概には言えない。ただ、不登校になると本人のみならず保護者も支援を必要とするケースが多いにもかかわらず、4割近い子に専門的な支援が行き届いていない事態は危険ともいえる。不登校生のいる家庭が何の支援も受けずに孤立すれば、保護者も将来への不安などに追い詰められて本人との関係が悪化し、無理やり登校させたり、強い言葉で非難したりしてしまうケースもあるからだ。その結果、本人がひきこもりになったり、場合によっては自傷や自死にいたったりする懸念もある。

多様になった不登校にきちんと向き合うために

文科省が進める、スクールカウンセラーやスクールソーシャルワーカーといった専門人材の充実は重要だ。ただ、子どもの置かれた状況についての情報を集め、背景事情を理解し、支援につなぐ役割は、子どもに近い教員にこそ期待される。

文科省の「不登校に関する調査研究協力者会議」の座長を務めた野田正人・立命館大学特任教授（教育福祉論）は「学校は、個々の不登校の事情を背景も含めて適切に分析、評価する『アセスメント』の機能を高めるべきだ」と話す。

家庭環境も含めた本人の背景事情について、教員が専門職とともに情報収集し、子どもが抱える困難の所在と、支援のニーズの把握に努める。複数の教員が断片的に把握している授業中の様子やクラスでの役割、まったく学校に来ないのか、たまに来るのかといった出席の状況、来ているときはどんな様子かといった情報を共有する。そんな機能を、教員が中心になって果たす必要があるという。

そうしたアセスメントを通じてはじめて、スクールカウンセラーによるカウンセリングを受けに来てもらうとか、不登校特例校に通わせるといった具体的な支援に入ることができる。そもそも不登校生は、我慢して学校に通い続けた末、心が限界を迎えて行けなくなったケースが少なくない。この場合、外につながれるようになるまで心の充電が必要で、教員の無頓着な接触がかえって子どものためにならないこともある。そのため場合によっては、本人に接触するのではなく、まずは保護者のみに本人の心の充電を優先するよう伝えるといった対応もあり得る。そうした対応方法の見極めは、教員を抜きにしては成立しないとも言える。

野田特任教授によると、教員によるアセスメントの重要性は高まっている。不登校の要因がかつてよりも幅広く、単なる子どもの心の問題にとどまらなくなっているからだ。

「不登校の増加傾向が始まった10年ほど前から、不登校の要因が幅広く、多様になったと感じている。勉強についていけないとか、人間関係が築けないという子ども自身の悩みに加え、貧困や虐待といった家庭の問題を抱えていたり、親の病気などでヤングケアラーになっていたりと、様々な事情が不登校につながっている」と指摘する。

教員が事務作業や部活といった、本来業務とは言いがたいことに追われていれば、増えつづける不登校生それぞれについて個別に情報収集したり、つなぐべき支援先について検討したりするのは難しくなることは必然だろう。支援を受けられない不登校生の割合が年々増えていることに、教員の長時間労働が何らかの形で関係している可能性はある。

いじめの「芽」を見つけることが難しくなった

２０２２年度の「児童生徒の問題行動・不登校調査」ではさらにもう一つ、衝撃的な実態が浮かんだ。

68万1948件（前年度比10・8％増）に上った、小中高校などのいじめをめぐり、被害者が心身に重大な傷を負う「重大事態」が前年度から30・7％増え、923件で過去最多となったことだ。しかも、そのうち38・7％の事案で、重大な被害を把握する前にいじめと認知していなかった。いじめの早期発見・早期対応が大きな課題であることが改めて浮き彫りになった。

重大事態は2013年施行の「いじめ防止対策推進法」で規定された。①生命、心身、財産に重大な被害が生じた疑いがある場合と、②被害者が長期欠席を余儀なくされている疑いがある場合に認定される。22年度は①は448件、②は617件だった（重複して認定される事案もある）。①の被害内容の分類では、「精神」が247件で最も多く、「身体」86件、「生命」76件、「金品等」39件と続いた。

重大事態のうち、重大な被害を把握する前にいじめと認知していなかったのは357件。このうち151件では、いじめに該当しうるトラブルなどの情報がありながら、いじめとして認知していなかった。文科省は「学校としてのいじめの認知や組織的な対応に課題がある」としている。

いじめ防止対策推進法では、いじめの定義は「児童等が心身の苦痛を感じているもの」とされ、悪質さや継続期間にかかわらず幅広くとらえることとされている。いじめの被害が深刻化する前の「芽」の段階で教員が把握して対処することによって、それ以上重大化するのを防ぐためだった。だが、重大事態が増え、しかもその4割近くで早期発見ができていない現状は、法律の目指す姿とは遠いといわざるを得ない。

LINEなどのSNSが舞台となるようなネットいじめも増えており、校外の通学路などが舞台となるケースもあるなど、教員のみならず保護者も含む大人にとって、いじめに気付くのはそもそもが難しい。子どもが大人に遠慮したり、自分の恥だと感じたりして、言い出せないことも多い。服が汚れているとか、表情が暗いとか、子どもの小さな変化に気付いたうえで、その気持ちを受け止め、結論を急《せ》かすことなく受け入れる。そんな繊細な対応が教員には求められている。教員が寝不足で疲れていたり、休み時間も職員室で作業に没頭したりしていれば、早期発見が難しくなるだろう。教員の長時間労働は、こうしたいじめの見過ごしの要因になっている可能性もある。

深刻な公立中学離れ。過熱する中学受験

教員の長時間労働により、若者が教職を敬遠していることが、産育休や病休などの際に代わりを務める非正規教員のなり手不足につながる「教員不足」の状況を生んでいることはすでに述べた。このことが、さらに「公立中学離れ」とも言われる状況を招いているとの指摘もある。

首都圏の中学受験事情を分析している「森上教育研究所」によると、首都圏の中学受験熱は近年、かつてなく高まっている。

首都圏の中学受験のピークは、男女の「御三家」をはじめ東京・神奈川の多くの私立中が一斉に入試を行う2月1日。入試が集中するこの日午前、東京・神奈川にある私立中を受けた人数は毎年の受験動向の指標となっており、同研究所の調べでは、2023年は4万3000人超と過去15年間で最多。1都3県の公立小の全6年生の人数を分母

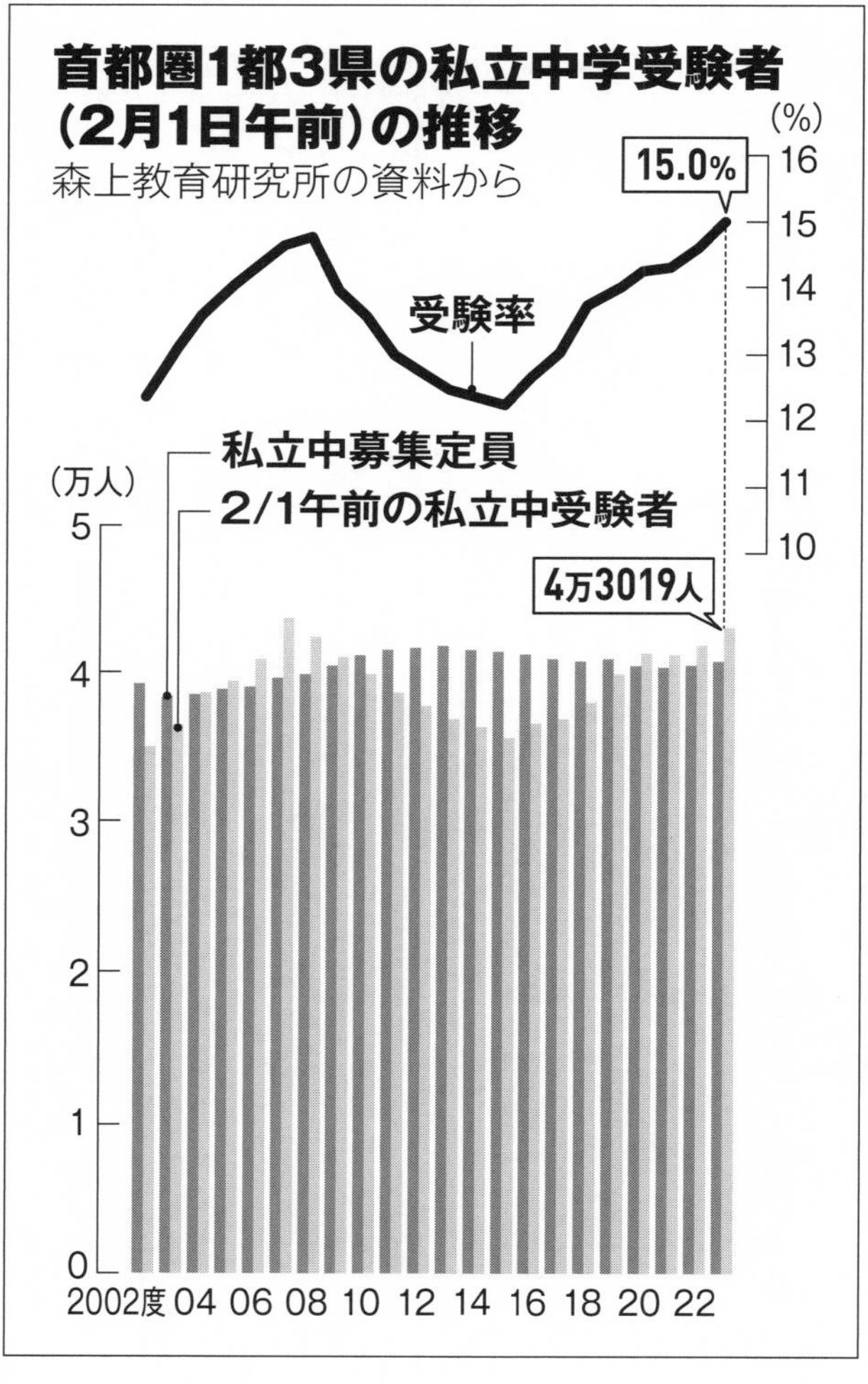
首都圏1都3県の私立中学受験者
(2月1日午前)の推移
森上教育研究所の資料から
(%)
15.0%
16
15
14
13
12
11
10
受験率
私立中募集定員
2/1午前の私立中受験者
(万人)
5
4
3
2
1
0
4万3019人
2002度 04 06 08 10 12 14 16 18 20 22

としたときの受験率は15・0％で、こちらは過去最高となった。

なぜ受験率が高まるのか。元小学校教員で教育評論家の親野智可等さんは「明らかに、公立学校の教育への不信感が影響している」と話す。公立小学校で学級担任をしていた教員が倒れて急にこなくなる。しかも、その代わりの先生がすぐに配置されず、教頭が代わりに授業をし始める。保護者はそんな学校の状況を目の当たりにしており、そのまま公立中に進学させることをためらう。公立中学の部活動はあまり予算をかけずに地域移行されようとしており、地域のスポーツクラブなどが担うことによって、それまで無償だったものが、有料になりかねない。「それなのに、公立学校の教員は増えず、働き方改革も進まない。行政も問題を放置しているように見える。公立学校への投資を国が大幅に増やさない限り、この傾向は加速するのではないか」

もちろん、中学受験増加の要因は複合的だ。都心の一部で高価なタワーマンションが相次いで建てられ、高収入の共働き世帯が集住し、教育への出費を惜しまない子育て世代が集まった側面はあるだろう。少子化で1人にかけられる教育費が増えたことも関係しているかもしれない。

ただ、ある大手塾で20年以上の講師経験がある40代男性は近年、入塾の相談にやってきた小学生の保護者から、中学受験を始めるきっかけとして、地元の公立中の悪いうわさを見聞きしたことをあげるケースが増えたと感じている。

「先生が倒れてこなくなってしまった」

「先生が忙しくてあまり勉強を見てくれない」

うわさはそんな具合で、保護者の間に公立中の教育の質の低下への懸念が広がっていると感じている。

あるときには、公立中の教員が、「公立中には行かせられない」と言って子どもを入塾させるケースまであった。

男性が勤める塾では近年、一部地域の教室で、小1から小3の塾生数が爆発的に増えている。社内では、地元の公立校への不安の表れとみられている。

そうした地域以外でも、小学校高学年になれば塾通いは増える。「子どもに中学受験をさせるつもりはなかったが、気がついたら周りの同級生がみんな塾に行っていて……」

と、焦って駆け込んでくる保護者も多いという。

「負のスパイラルが起きている。公立校の教育をもっと充実させないと、収入に余裕がなくても中学受験塾に子どもを入れて、負担にあえぐ親が増えていくのではないか」

中学受験業界に身を置きつつ、男性はそんな心配を募らせている。

中学受験が広がること自体は、選択肢が増えたという側面もあり、良い面もあるだろう。

ただ、私立中は学費が年間100万円という学校も多く、受験準備のための塾代や家庭教師代、受験料などで数百万円かかることもざらだ。全ての家庭が挑戦できるものではない点には注意が必要だ。

別の弊害についての指摘もある。前出の森上教育研究所の森上展安代表は、親の思いと子どもの学力のギャップを指摘する。

以前の中学受験は、学力上位層が難関校に挑戦するのが主流だったが、中学受験が広まり、上位層に限らず多くの子どもが挑戦するようになったことで、有名校に挑戦させたい親の意向を受け、子が苦しむケースも少なくないという。実力を大きく超えるレベルの学習は本人にとって楽しめず、意欲がそがれがちだ。勉強自体が嫌いになってしまうリスクもある。

また、進学後にミスマッチが生じるおそれもあるという。親の意向で受験した学校に合格できず、進学先を不本意に感じて不登校につながったり、親が望んだ有名校に何とか入れたとしても授業についていけず、退学につながったりといったケースがあるという。文部科学省の2021年度の調査では、私立中で不登校となった生徒は全国で5779人。このうち入学・進級時などの不適応や学業不振が要因となったケースが2割近くを占めた。公立中は1割程度だった。

このように、教員の長時間労働は、子どもが受けられる教育の質の低下や、抱える悩みに対処しきれないといった、学校の基本的で重要な機能の不全につながっている。そんな実態が、少なくとも一部にはあるといえるだろう。

学校現場の変化――短縮型運動会が増えている

文部科学相の諮問機関である中央教育審議会は、2019年に出した働き方改革の答申で、「教師以外が担った方が児童生徒に対してより効果的な教育活動を展開できる業務や、教師が業務の主たる担い手であっても、その一部を教師以外が担うことが可能な業務は少なからず存在している」として、「中心となって担うべき主体を学校・教師以外に積極的に移行していく」とした。学校がしなくてもよい業務を明確にし、縮小や外部による肩代わりのための環境整備を進めるよう、政府に求めたのだ。

中教審は答申で、こうした肩代わりや縮小の対象業務について、①「基本的には学校以外が担うべき業務」、②「学校の業務だが、必ずしも教師が担う必要のない業務」、③「教師の業務だが、負担軽減が可能な業務」の3つに分類し、①の具体例として「学校徴収金の徴収・管理」、②に「部活動」、③に「進路指導」などをあげた。

そのうえで、特に①の「基本的には学校以外が担うべき業務」について、依然として

基本的には学校以外が担うべき業務	学校の業務だが、必ずしも教師が担う必要のない業務	教師の業務だが、負担軽減が可能な業務
①登下校に関する対応 ②放課後から夜間などにおける見回り、児童生徒が補導された時の対応 ③学校徴収金の徴収・管理 ④地域ボランティアとの連絡調整 ※その業務の内容に応じて、地方公共団体や教育委員会、保護者、地域学校協働活動推進員や地域ボランティア等が担うべき。	⑤調査・統計等への回答等 （事務職員等） ⑥児童生徒の休み時間における対応 （輪番、地域ボランティア等） ⑦校内清掃 （輪番、地域ボランティア等） ⑧部活動 （部活動指導員等） ※部活動の設置・運営は法令上の業務ではないが、ほとんどの中学・高校で設置。多くの教師が顧問を担わざるを得ない実態。	⑨給食時の対応 （学級担任と栄養教諭等との連携等） ⑩授業準備 （補助的業務へのサポートスタッフの参画等） ⑪学習評価や成績処理 （補助的業務へのサポートスタッフの参画等） ⑫学校行事の準備・運営 （事務職員等との連携、一部外部委託等） ⑬進路指導 （事務職員や外部人材との連携・協力等） ⑭支援が必要な児童生徒・家庭への対応 （専門スタッフとの連携・協力等）

学校や教師によって行われている自治体があれば公表するよう文科省に求め、取り組みを促す姿勢を鮮明にした。

これを受け、改革が大きく進んだ面はある。例えば、学校行事の縮小だ。

22年度の文科省の「教育委員会における学校の働き方改革のための取組状況調査」の結果によると、学校行事の内容や種類を絞るなどの対応を学校に求めたのは、市区町村教委では81・5％。都道府県教委は95・7％、政令指定市では100％だった。

特に顕著なのは、行事の中でも中心的な運動会の変化だ。23年度の春や秋に実施された運動会について各地の開催形式をみると、「終日」が当たり前だった19年度までの新型コロナウイルス禍の前のような状況に戻った学校は少ない。

大阪市教育委員会によると、23年5〜6月に実施した市立小50校のうち、終日は6校のみ。43校は半日で終わる短縮型で、1校が学年によって実施日を分散させた。千葉市教育委員会によると、23年度は短縮型が市立小107校のうち86校、市立中54校のうち21校。19年度は小中とも全校が午後まで実施していたという。また、学年ごとに時間帯を完全に分ける「ブロック開催」は19年度はほとんどなかったが、23年度は小学校で22校あった。

名古屋市では、4月時点で短縮型を予定していたのは市立小261校のうち248校。中学は110校中63校だった。市教委によると、小学校では短縮型は18年度に13校だったが、熱中症事故が相次いだことなどを受け、コロナ前の19年度に164校に増えていた。担当者は「昨今の非常に厳しい暑さで、熱中症対策の必要性も増している」と話す。真夏日を記録することもある春ではなく、秋を選ぶ学校も徐々に増えている傾向があるという。また熊本市でも、5月時点で短縮開催を予定していたのは市立小92校のうち91

校と大半を占めた。市立中は42校のうち31校だった。

23年10月に運動会があった東京都日野市の市立小は、コロナ禍で昨年までの3年間はなかった応援合戦や選抜リレーを復活させたが、「昼食なし」「正午過ぎまで」の短縮開催とした。昨年も同じ形式で、「負担が少なかった」などと保護者から好評だったことから決めたという。かつては場所の確保のため早朝から保護者が並び、運動会は昼食をはさんで午後まで続いた。校長は「保護者にとってお弁当づくりは負担。短縮は負担軽減に資すると考えた」。運動会の練習に費やす時間を他のことにあてることができ、教員の働き方改革にもなるという。「短縮しても教育的効果は変わらない。社会的な潮流として続いていくのでは」と話す。

山梨県の公立小では、全校の保護者が集まってグラウンドが過密にならないように、低学年、中学年、高学年の3ブロックにわけて順次競技を行った。それぞれ1時間ほどとし、全体で午前中の3時間ほどに収め、いずれも昼食前に下校させた。

業務支援員、AI活用、オンラインアンケート……様々な工夫

このほか、印刷や提出物の整理、新型コロナウイルス防止のための消毒などの業務を任せられる業務支援員の配置が広がったことは現場でも好意的に受け止められた。文科省の2022年度の調査では、支援スタッフの活用を図ったのは、都道府県教委で91・5%、政令指定市教委で100%、市区町村教委でも81・4%に上った。授業準備に支援スタッフが参加するよう図ったのは都道府県教委61・7%、政令指定市教委100%、市区町村教委68・0%だった。「支援が必要な児童生徒、家庭への対応について、スクールカウンセラー、スクールソーシャルワーカー、特別支援教育等の専門人材、日本語指導ができる支援員の専門的な人材の参画を図っている」としたのは都道府県教委100%、政令指定市教委100%、市区町村教委97・0%と大半を占めた。

ICT（情報通信技術）の導入による事務作業などの効率化が大幅に進んだケースも

ある。

文科省が作成し、全国の学校が参照できるようにしている「全国の学校における働き方改革事例集」には、生徒が解く練習問題を集めるのにアンケートフォームをつくって集計できるアプリを活用したり、保護者からの欠席連絡を電子化したりといった具体例が盛り込まれた。

そのうちの一つである千葉県柏市の市立小では、ＡＩ（人工知能）を使って卒業アルバムの作成にかかる時間を大幅に削減することに成功した。

卒業アルバムは、作る側からすると、写真選びに手間ひまかかることで知られる。特定の子が一度も写っていないとか、一部の子が何度も写るといったことは絶対に防がなければならない。そのため、膨大な人手と時間がかかる。

効率化する前まで取り組んでいた手順はこうだ。

学校内の一室に6年生の担任教諭と、あらかじめ予定を調整したうえで2〜3人の保護者有志が集まる。大きな紙を用意し、6年生の児童の名を縦に、写真のファイル名を横に、それぞれ手書きで並べ、線を引く。完成した手作りの表を使い、写る児童の数を確認する。写真をパソコン画面で一つひとつ目視し、「正」の字を書き込んでいく。1回2時間ほどを5回。全部で計10時間ほどかかる大仕事だ。担任は、日々の授業や雑務に加えて毎年、この作業に取り組み、長時間労働の一因になってきた。

これ、何とかならないか。教員たちは考えた。この小学校が2020年度に導入したのは、ITベンチャーが開発したオンラインサービス。大量の写真をクラウド上にアップすると、AIによる顔認証で、児童それぞれがどの写真に何回写っているかを読み取り、集計してくれる。費用は児童1人当たり年間300円ほど。

導入後は、オンラインでできるので教員やPTAが集まる必要はなくなった。おのおのの作業時間も半分ほどに減った。

同校が取り組んだ効率化はほかにもある。

校外学習や水泳への参加の可否など、保護者の意思を確認するアンケートを全てオンラインで回収するようにした。家庭に配布する紙のお知らせにQRコードをつけ、保護者が私有スマホなどでコードを読み込むと、回答サイトへ飛ぶ。保護者が児童名を入力し、「参加」などの選択肢を選んで送信すると、回答が自動集計される仕組みだ。導入前は切り取り線を入れた紙を配り、忘れた児童に何度も催促して回収。集めた後にはエクセルに入力していた。1回につき数時間ほど削減できたという。

たった一人で始まった改革

こうした改革を担ったのは、一人の中堅教員だった。

規模の小さいこの小学校では、教員一人ひとりが担う事務作業が多くなりがちなことが課題だった。20年度に教務主任になったのをきっかけに、徹底的な効率化を目指した。

小一時間かけてノートに手書きしていた翌週の授業計画を専用ソフトを使って5分ほどでできるようにしたり、通知表を日々少しずつつくりためるようにしたり。教職員間の連絡はマイクロソフトの「チームズ」やLINEのオープンチャット機能を使って簡略化した。

その結果、6年担任の月の残業時間は、19年4〜6月の3カ月で合計300時間を超えていたのに対し、21年の同時期は計約170時間減らすことができた。改革が進んだのは、教員の数が多くなく意思疎通が容易だったことや、改革に熱心なこの教員の努力を管理職が理解して後押ししたことなどが背景にある。自治体もIT化に積極的で、工夫を阻《はば》むようなルールがなかったことも奏功した。

紙が中心だった保護者へのお便りを見直し、デジタル配信サービスも使い始めた。この教員は「管理職や教育委員会の指示を待つのではなく、現場がまずはやってみるボトムアップで取り組むことで大きく進んだ」と振り返る。

ただ、こうした学校はまだ多くはない。むしろ、学校には過度の「紙文化」やデジタル活用を禁じるルールが残り、改革が進まない現実がある。

デジタル機器が充実しても改革が進まない理由

「何十年前の働き方なのか」

東北地方の複数の公立校で支援員をしている40代女性は2021年、ある光景を目にして驚いた。勤務校の一つに出勤したときのことだ。職員室の机の上に資料がきれいにまとめて置いてあった。聞くと、教頭が教育委員会からくる大量のメールの添付ファイルをプリントアウトし、先生の人数分コピーして机に置くのだという。

教頭は毎朝、この作業に1時間かけているらしい。

クラウド上にファイルを置いて各教員が見るようにすれば、数分で終わる作業のはずだ。民間などで普通に行われていることだ。

気になるのは、それだけにとどまらない。例えば、家庭に書いてもらうアンケート。まず教務主任がアンケートの質問文を印刷し、職員室にある各クラスの配布物ボックスに人数分の紙を入れる。クラス担任はそれを子どもに配布し、手書きしてもらって回収する。よく紛失するので、配る作業は大抵、何度も発生する。

回収したら、それを担任が表計算ソフトに入力する。この作業だけでも3時間ぐらいかかる。いまやオンラインのアンケートフォームは、無料アプリで簡単に作れる。

女性はそう考えて改善を提案した。だが、年配の教員から「面倒くさい」「これまでのやり方の方が早い」と言われてしまった。

子どもの学習評価などを書き込む「指導要録」は、すべて手書き。通知表のもととなる公文書だが、通知表とは違って原則外部が目にすることはない。なのに、教員は一文字でも間違えれば、すべて最初から書き直している。導入済みの校務支援システムと連携してデジタル上で入力できるようにすれば、間違えてもすぐ消せるし、子どもの名前やクラスなどの基本情報を盛り込む手間が省けるはずだ。

女性がさらに驚いたのは、ソフトの独特な使い方だ。パソコンで文書をつくるソフトは「一太郎」と決まっている。外部と共有する際はコンバーターをつかって「ワード」に変換して送っている。これも一手間だ。

女性は特に、若手教員への影響を心配する。大学在学中はオンライン授業を受け、様々なデジタル技術を使ってきたはず。なのに、学校では職員会議の資料をプリントアウトしてホチキスどめする仕事を与えられる。若手が、プリントアウトした紙資料をコピーするために印刷機の行列に並んでいるのを見た。ただでさえ、なり手が少ないのに、あまりの非効率に嫌気がさしてやめてしまうのではないか。

「先生には業務を効率化し、教材研究や授業準備にこそ時間を使ってほしいのに」

ベテラン教員を中心に、ＩＣＴ技術を避けるような雰囲気があるとの指摘もある。都内の公立中学校に勤める非常勤講師の50代女性は「学校にはＩＴアレルギーがあるように感じる」と話す。授業をした公立２校で、デジタル機器が充実しても改革が進まない実態を目の当たりにした。

生徒１人に１台の情報端末が配られるのに合わせ、教員用にも複数台が配備された。ただ教員全員分はなく、職員室から持ち出せない。21年度、コロナの感染拡大で密を避けようと、職員会議をオンラインで開くことになった際も、参加者のほぼ全員が職員室にいたという。

女性はテストの採点などの仕事を持ち帰って、在宅での仕事の合間や移動中の電車などでこなしたい思いがある。持ち帰りもできないため、学校外からデータにアクセスできず、学校に遅くまで残ることになる。

保護者との連絡方法も気になる。女性の勤務校では、放課後の職員室で、多くの教員が保護者に固定電話から連絡し、不登校の家庭に日々の様子を聞き取ったり、欠席だった子に必要なことを伝えたりする。保護者の仕事の都合で連絡がつくのが夜になってから、ということも少なくない。

相手の携帯電話にかけることで不在着信が残り、折り返し待ちのために遅くまで帰宅できない姿もよくみる。メールやＬＩＮＥでのやりとりや、教員が自宅から携帯などで電話することは認められていないためだ。

女性は疑問に思い、理由を同僚に尋ねてみた。メールなどではやりとりが記録され、教員の名前とともにネット上などでさらされる恐れがある。そんな説明を受けた。理屈はわかるが、長時間労働の温床になっていることを考えると、合理的とは思えない。

学校にこうした決まりがあるのに、理由がないわけではない。

保護者と教員のメールなどを禁じている都内の小学校の校長は言う。「家庭と個人的な関係をつくり、悪用する教員がいるかもしれない。ごくわずかでも可能性があれば、子どもを守るためにルールは必要になる」

デジタル化が進まない理由はほかにもあるという。この校長は以前、保護者へのアンケートにアプリを使おうとしたが、自治体のセキュリティー担当部署から個人情報の扱いを理由に止められた。

「安全で、子どもにも影響がないという認識が確立すれば変わるかもしれないが、学校が新しいことをやるのは時間がかかりがちだ」

現場の嘆き「教員免許の必要ない業務が多すぎる」

学校業務の情報化を推進する文科省の有識者会議の元委員で、教育研究家の妹尾昌俊さんは、学校によってデジタル化の進展に差が出ている現状について、「不祥事やネット上のトラブルなどを恐れて慎重になったり、デジタル環境がない家庭に配慮したりして進められない現状が一部の学校にはある」と指摘。そのうえで、「リスクを完全になくし、形式的な平等を目指すよりも、まずはできる範囲でやってみて、起こった問題に個別に対処するという考え方が必要だ」と話す。

一部のデジタルに強い教員が自由に取り組むことで、「これは便利だ」と周りの人に自然に広がる。管理職はリスクに配慮しつつ後押しする。教員が授業や生徒指導などの本業に専念するため、そんな好循環が理想という。「そのためにも、自治体は個人情報の扱いなど、デジタル移行の壁になるようなルールをまずはできるだけ緩和し、効果や弊害の有無を検証するべきだ」

中教審の2019年答申から3年経った2022年度の時点で、取り組みがあまり進んでいない業務も少なくない。

給食費など学校徴収金の管理について、教員が関与しない方法で行っていたのは、22年度調査で市区町村のうち36・0%にとどまった。政令指定市は40・0%、都道府県は51・1%だった。

給食費や教材費といった集金は、授業や生徒指導などに比べ、教員の中核的な業務とはとても言えない。教員が「教員免許の必要ない業務が多すぎる」と嘆くことがあるが、教員の専門性とは遠い業務の最たるものと言える。19年の中教審答申も、「基本的には学校以外が担うべき業務」に分類している。

このほか、放課後や夜間の見回り、子どもが補導された時の対応について教育委員会や保護者、地域人材など学校以外の主体が中心になって対応していたケースは市区町村で26・0％にとどまり、政令指定市も25・0％、都道府県で17・0％だった。

中教審の答申で「学校の業務だが、必ずしも教師が担う必要のない業務」に分類された業務のうち、国などの調査・統計への回答について、教育課程の編成・実施や生徒指導など教師の専門性に関わる以外のものは事務職員などが中心になって対応するよう各学校に促しているのは、市区町村で36・5％にとどまった。政令指定市は55・0％と比較的高かったが、都道府県は25・5％だった。また、給食時に栄養教諭と連携したり、地域人材の協力を得たりしていたのは、市区町村で20・7％、政令指定市で45・0％、都道府県で27・7％だけだった。

2019年の答申を受けて21年度から導入が可能になった、休日を夏休みなどにまとめどりできる「変形労働時間制」の導入も進んでいないことが明らかになった。この制度を使うには都道府県と政令指定市の教育委員会がそれぞれ条例をつくる必要があるが、2023年8月時点でこの条例を整備していたのは67教委のうち12教委（17・9％）にとどまることが、文科省の各教委への調査で判明した。残りの55教委は「2024年度末までに条例の整備を行う予定はない」と回答しており、明らかに広がりを欠く実態が浮かんだ。導入しない理由について聞くと、多くが、「時間外在校等時間(残業時間)の縮減が優先課題であるため」を挙げた。この制度を使うにはそもそも、残業時間を一定に抑える必要があり、それが障壁になっているという回答だ。答申から4年経っても残業が減っていないことを間接的に示す結果と言えそうだ。「教職員の理解が得られないため」との回答も多かった。

中教審の議論のいま

2023年6月に始まった、中教審の特別部会における給特法についての議論は、2024年の春にも結論が出る見通しだ。「定額働かせ放題」を改め、残業代が出ることで長時間労働に歯止めがかかるのか。注目が集まっている。

そんななか、部会は2023年8月、教員の多忙さが十分に是正されず危機的な状況だとして、改善策を盛り込んだ緊急提言をまとめ、当時の文科相に提出した。国の基準を大きく上回る授業時数（コマ数）の削減や学校行事の簡素化、仕事を補助する支援員の増員といった教員の負担削減策を列挙した。

提言は、長時間労働や教員不足の改善策として、プリントの用意や来客対応などの仕事をサポートする「教員業務支援員」の全公立小中学校への配置を求めた。教員になった人の奨学金返済の支援、主任や管理職の手当増額も盛り込んだ。

また、教員に代わってボランティアや指導員に校内清掃や部活指導を担ってもらうことも提案。4年前に中教審が学校の働き方改革をめぐる答申で示した、①「基本的には学校以外が担うべき業務」、②「必ずしも教師が担う必要のない業務」、③「教師の業務だが負担軽減が可能な業務」の3分類の徹底を呼びかけた。

こうした業務削減によって、教員が学習指導など専門性を発揮できる時間を確保できれば、公教育の質向上にもつながるとした。国や自治体、教育委員会の主体的な取り組み、保護者や地域社会の理解も必要だとした。

教員になった場合、大学の学費などにあてた奨学金返還を支援する制度の創設にも言及した。この制度を巡っては、日本育英会（現日本学生支援機構）が、03年度まで、無利子の奨学金を借りた人を対象に、教員などの職に一定期間ついた場合、奨学金の減免を行っていたが、一時期の教員採用試験の倍率の上昇などで人材確保の役割が薄れたことなどから廃止されていた。

ただ、中教審の特別部会は、2017年度にも緊急提言を出している。その6年後、全く同じように「緊急」と銘打って宣言をしなければならないことは、この6年間で状況が大きくは改善されていないことを物語っていた。そのこともあって、現場の教員らからは厳しい声が上がった。

「給特法のこれからを考える有志の会」の岐阜県立高校教諭の西村祐二さんは23年8月、緊急提言を受けて開いた記者会見で、教員業務支援員や副校長マネジメント支援員の配置など、予算が必要な対策を盛り込んだ点について「お金をつけようとしているのは評価できる」とした。一方、17年度の緊急提言のような、タイムカードの導入など学校がすぐに取り組めるような提案がなかったとして、「希望が持てるものではない」と評した。

教員の業務を3分類し、外部化などを進める方針の徹底を提言が求めたことについては、「奨学金の窓口業務やPTA会費の徴収など、教員がやらなくてもいい業務がまだ山ほどある」と指摘した。

労働問題に詳しい嶋崎量弁護士は、19年の3分類で「学校以外が担う」とされた「学校徴収金の徴収・管理」について、教員が関与しない方法で行う自治体が22年度の文科省調査で全自治体のうち36・5%にとどまったことをあげ、「4年以上たってもできないのは行政の怠慢。緊急提言はこの反省から入るべきだった」と批判した。「労働法的な労働時間抑制が必要だ」として、給特法を改正して残業代を支払うよう求めた。

緊急提言は、学習指導要領で定められた標準授業時数(コマ数)について、「標準を大幅に上回っている学校は見直すことを前提に点検」することも求めた。記者会見に参加した横浜市立小学校の副校長は、緊急提言が言及した授業時数削減について、「すでに(自校では国の)基準ぎりぎりまで下げているが、それでも定時で仕事を終えるには授業準備などの時間が1日20分しかとれない。そんな現実を知ってほしい」と訴えた。

広田照幸・日大教授（教育社会学）は、文科省が行った22年度の教員勤務実態調査の結果をもとに試算した結果、在校時間の平均のうち、授業に直接関わらない業務と、生徒指導や成績処理などにかかる時間を全て半減したとしても、なお残業が生じると指摘。「そもそも教員が担う仕事の絶対量が多すぎる。教職員の数を増やすしかない」と述べた。

中教審の議論について、「現場の教員の期待に沿った議論になっていない」との声も上がっている。

政策に若者の声を採り入れるよう訴えている一般社団法人「日本若者協議会」や現役教員、学生ら有志は２０２３年11月、教員や教員志望の学生の意見を聴く場を設けることなどを文科省に求めた。

この団体が中教審の23年8月の緊急提言についてインターネットでアンケートを実施したところ、教員１２５３人と教員志望の大学生・高校生など１７４人の計１４２７人が回答。「期待に見合っていない」または「期待以下だった」と答えた教員は約８割に上った。「具体性が必要」「もっと思い切った業務削減を」などの意見が寄せられたという。

こうした結果をもとに、有志は「教員をめぐる環境は教育の質に直結する」「（中教審での議論は）教員志望学生の増減にも大きく関わる」などとして、教員や学生から意見を聴くべきだとする要望書を文科省の担当者に提出した。

提出後に記者会見した20代の公立小学校教諭は「業務量が多いため、子ども一人ひとりと向き合う時間が確保できない」とし、少人数学級の実現や授業時数の削減を求めた。また、協議会代表理事の室橋祐貴さんは「どう決まったのかということに納得できないと、不満がたまりつづけてしまう。議論の透明性を高めてほしい」と述べた。

文科省の担当者は取材に「関係団体から特別部会に提出された意見を通じて学生の不安についても把握はしている」と説明。学生らからの意見聴取については「今後の審議状況に応じて検討していく」とした。

問題解決に向けて——特に重要な2つの問題点

文科省、教育委員会、そして学校現場。それぞれが懸命に取り組んできたにもかかわらず、働き方改革は思うように進まない。それどころか、若者から教職が敬遠される事態を招き、教員不足につながり、子どもの学習や学校生活にまで影響が出始めている。こうした状況を打開するために、どうすればいいのか。

本書では、これまでの経緯と現状について知ってもらうとともに、その原因を分析し、広く解決策についての議論を喚起することを主眼としてきた。ただ、取材を通じて聞いた改善の方向性のなかで、特に重要と思われることについて2点、述べておきたい。

1点目は、目下議論されている給与制度改革についての提案だ。その要点は、「定額働かせ放題」と揶揄《やゆ》されるような仕組みを改める必要があるということだ。

中教審の特別部会は、2023年秋の段階でまだ給特法についての本格的な議論には踏み込んでいない。ただ、自民党がこの議論に先立って23年5月に政府に出した提言には、給特法の中核である、基本給に「教職調整額」を上乗せする代わりに残業代を支払わない仕組みを温存したうえで、この上乗せの割合を4%から10%以上に引き上げることが盛り込まれた。この提案の通りになるとすれば、「定額働かせ放題」の「定額」は多少増額するが、残業量に応じた報酬は出ないままで、「働かせ放題」は変わらないということになる。

この議論のそもそもの目的は何なのか。議論を提起した文科省は、中教審への諮問のタイトルに「質の高い教師の確保のための環境整備」を掲げた。重要だが、その前提になるのは「教員が本来業務である授業や児童生徒対応に集中できるようにすること」ではないか。確かに、給与をアップすれば現在よりは教員を目指す人が増えることは期待できる。だが、教員の働き方が、その専門性に見合ったものにならなければ、教職が敬遠されている原因に切り込んだことにはならず、本質的な問題解決にはならないのではないだろうか。

やはり必要なのは、「働かせ放題」を改めることであろう。残業代が出るようにするのが最も自然な解決策だが、抜本策に踏み込むことによる影響が懸念されるのであれば、残業が増えることで教員の給与が上がるような何らかの仕組みを検討すべきだ。たくさん働かせると、使用者はより多くの対価を払わなければならない。そのため使用者側がなるべく支出を抑えるために残業抑制策を本気で考えるというのが学校以外の多くの職場での常識だ。この常識を働かせ、特に教育委員会や管理職に様々な効果的な工夫を編み出すよう促す必要がある。

教職調整額を維持したままでも、残業時間と報酬との連動は可能だ。例えば、現在の残業の上限時間である月45時間など、一定時間を超えたら超えた時間に応じた残業代を支払う。個別に残業代を出すのが難しければ、県単位などで各年度の残業時間の平均を割り出し、この平均に応じて翌年度の教職調整額の上乗せ割合を増やしたり減らしたりする。事務が煩雑であるならば、5年ごとなど、より長いスパンで見直す形でも構わない。

もう一つの提案は、正規教員を増やすことだ。

教員定数の改善はこれまで何度も指摘されていることで、月並みだとの指摘があり得るだろう。保育、介護、医療など、様々な現場で人手不足が指摘され、しかも少子化がこれから加速する折、実現性が乏しいとの批判もあり得るだろう。また、教員不足の現況とは相反するように感じるという見方もあり得る。

では、なぜこのような提案があり得るのか。

まず、正規教員を増やすというのは、教員全体を増やすことを意味しない。任期付きの非正規教員を、終身雇用が原則の正規教員に置き換えていくという意味だ。現在の教員不足は、必要な教員数に対して正規教員がそもそも足りず、非正規教員で一定割合を穴埋めしている前提があり、そのうえで非正規教員のなり手が不足することによって起こっている。雇用の安定しない非正規よりは正規教員の方が働き手にとって魅力的であろうし、非正規よりはなり手の不足に困る恐れは少ないだろう。また、採用試験に合格することが条件であるため、採用倍率が低かったとしても、非正規に比べれば質の担保はなされていると考えられる。

非正規教員のなかには、授業時間に応じて給与が支払われる、パートタイムの講師もいる。こうした教員には通常、学級担任や学校の様々な事務作業を任せられない。授業が回ったとしても、正規教員や常勤の非正規教員にしわ寄せが行く要因にもなっている。正規を増やすことで、負担の平準化が図られるだろう。

いま非正規教員が必要とされているのは、今後の少子化を見据えてのことだ。公立学校の教員の数は基本的に、学級の数（＝児童生徒の数）をもとに算定される。つまり、今後、少子化が加速するにつれ、必要な教員の数は減っていく。非正規教員に比べて正規教員は定年まで働く人も多く、必要がなくなったときに簡単に削減して済ませる、ということはできない。つまり、非正規は今後のだぶつきに備えた調整弁の役割を担っているのだが、それを正規教員へ置き換えてしまえば、子どもの数が減るほどには教員の数は減らないということになる。国家財政、地方財政の両方が非常に厳しいなか、学校教員だけ特別扱いするわけにはいかない、という考え方はあるかもしれない。

ただ、今後増加が見込まれる介護費や医療費などとは異なり、教員給与に必要な財政負担は今後、少子化が加速することで減っていく。その減らし方を緩やかにすることで、教員に余裕が生まれ、子どもたちに向き合う時間ができる。教員の雇用が安定し、教員不足も減らせる。教育委員会は採用を計画的に行えるようになる。

文科省はこれまで、1学級あたりの子どもの数を減らし、必要な教員数を多くする改革を進めてきたが、学級担任を持たない正規教員が学校により多く配置されるような制度改正を検討する必要があるのではないだろうか。

働き方改革というのは、ストレートに言い切ってしまえば、「学校のやることを減らす」、つまり、「サービスの低下」に他ならない。中学部活動の地域移行のように、これまで無料だったものに費用が発生するケースだってある。もちろん、教員の無償に近い労働が支えてきたこれまでの状況が異常だったことは言うまでもないのだが。

教職を持続可能にし、子どもに向き合うという最も重要な機能を高めるためには、それ以外の機能を学校からなくしてしまうか、さもなくば、相応の投資をして人手を確保するか、その2つの路線しかない。業務を減らすことが、顧客たる保護者によって「質の低下」とみられてしまえば、お金を払ってでも私立校に入れる傾向に拍車がかかるだろう。日本の公立学校を崩壊から救うためには、一度のみの教員の待遇改善にとどまらず、公的投資の不断の充実が求められる。

あとがき

「ネガティブキャンペーンはやめていただきたい」

本書の出版のきっかけになった朝日新聞と朝日新聞デジタル版の連載「いま先生は」には時折、読者の教員からそんな反響をいただくことがあった。

ただでさえ教員のなり手が少ないのに、多忙な部分だけ強調されるとさらに教職離れを招く。そもそも教員の仕事はやりがいもあるし、忙しい職場ばかりではないので、バランスよく取り上げてほしい。そんな要望も多かった。「不慣れな若手の声を過剰に取り上げない方がいい」といった声もあった。

本書を読まれ、同様の印象を抱いた方もいるかもしれない。学校現場のいまの課題を探るという問題意識が出発点であり、バランスはできるだけ配慮はしたとはいえ、全体として教員という職業についてネガティブな印象を与える記述が多くなってしまったことは事実で、例えば採用試験の受験者数などに何らかの影響を与えうることはあるのかもしれない。そのことが、もとの連載記事を執筆する際も、本書をまとめる際も、何度も頭をよぎった。

確かに、いい授業、いい仕事をするため、進んで残業に取り組む教員も少なくない。こうした教員のなかにはむしろ、形式的な「働き方改革」で残業したいのに学校を追い出されてしまうことに不満を持っている人もいる。

また、改革が十分に進んだケースもある。処理に膨大な時間のかかる通知表をなくすといった改革を進めた学校がある。多くの教員が定時か、残業したとしても非常に短時間で帰宅するようになった学校もある。学校単位でなくても、午後5時に帰宅することを決め、夫婦で家事を分担しているという教員もいる。こうした取り組みについても、世に知らしめていかなければならないのは間違いない。

ただ、今回の連載のために取材に応じ、現場の窮状を訴えた教員は、それぞれが熱心で、それ故に深刻な悩みを抱えていた。ある人は、教員という仕事に強い責任感を持っているからこそ、事務作業などで授業準備がおろそかになることを憂《うれ》えていた。経験したことのない競技の運動部の顧問になった教員は、子どもを第一に思うからこそ、的確な技術指導や安全確保ができないことに悩んでいた。産育休に入る際に苦労した教員は、忙しそうな周囲の教員を気遣うからこそ、仕事を任せ難くて悩んでいた。「自分が楽をしたいから声を上げた」というケースは皆無で、そして、すでに本書で扱った各種データから明らかなように、こうした教員は「声が大きいだけの少数派」では断じてない。残業代を出さないという教員特有の制度のもと、多くの学校で働き方改革がまだ進んでいない実態があるのは確かだし、それを世に訴えることにこそ意味があると考える。少なくとも、現に教員が担っている教育活動以外の業務が少なくない現実があって、そこからできるだけ解放し、困難化する教育課題への対処に専念できるようにする必要があるということについては、ある程度は共感してもらえるのではないか。

改革が少しずつ進んできていることも事実だが、残る課題は、どれだけのスピードで変わることができるか、だ。教員が長時間労働に苦しみ、結果的に病気で倒れて代わりがこなくなったり、準備がおろそかな授業をしたり、悩む子どものＳＯＳを十分に受け取る余裕がなかったり。いま起きているそんな状況は、子どもたちが本来持っているはずの、質の高い授業や指導を健康で余裕のある教員から受ける権利を奪われていることを意味するのではないか。日々成長する子どもにとって、同じ学年は二度とやってこない。教員が疲れ、倒れることで生じる影響は、その後に取り戻そうとしても取り返しがつかないこともありうる。もはや一刻の猶予《ゆうよ》もなく、これまでよりもさらに抜本的な対策がとられてしかるべきだ。そのためには、まずは不都合なものであったとしても、現実を直視する必要がある。本書で取り上げた教員の思いやエピソードは、たとえネガティブなものであったとしても、子どものため、同僚のために、より踏み込んだ改革を願うという、前向きな思いから語られているものであることをどうかご理解いただきたい。

2024年度は、文部科学相の諮問機関、中央教育審議会が、「定額働かせ放題」と揶揄《やゆ》される「教員給与特措法」の方向性について、何らかの結論を出す見込みだ。その後は国会での法改正の議論もあり、朝日新聞教育班ではこの節目の動きを今後も力を入れて取材していきたいと思っている。並行して現場の努力や行政による改革の動きにも光をあて、多角的に報じていくつもりだ。そのためにも、教育の質の向上につながる、思い切った取り組みにより多く接することができるよう祈っている。

末尾になりましたが、話しにくいことを率直に詳細に語っていただいた学校の教員方や校長先生、教頭先生、OBの方、支援員の方々、また、多忙な中で持てる知見を惜しみなく分け与えていただいた大学教授や中教審の委員を始めとする識者の方々、批判的な視点の記事だとわかっていても正確な情報を分け与えていただいた文部科学省、教育委員会の方々、連載に反響をいただいた保護者、塾講師、読者の方々、そして本書を手に取り、ページを繰っていただいた皆様に、最大の感謝を申し上げます。本当にありがとうございました。

朝日新聞取材班

2024年2月

朝日新聞取材班
阿部朋美
上野創
植松佳香
氏岡真弓
小川崇
狩野浩平
鎌田悠
桑原紀彦
塩入彩
高嶋将之
高浜行人
武田啓亮
根岸拓朗
久永隆一
本多由佳
増谷文生
三島あずさ
宮坂麻子
矢島大輔
山下知子
山本知佳

朝日新書
951

何《なに》が教師《きょうし》を壊《こわ》すのか

追いつめられる先生たちのリアル

2024年 4 月30日 第 1 刷発行

著　者　朝日新聞取材班

発行者　宇都宮健太朗
カバーデザイン　アンスガー・フォルマー　田嶋佳子
印刷所　TOPPAN株式会社
発行所　朝日新聞出版
〒104-8011　東京都中央区築地 5-3-2
電話　03-5541-8832（編集）
　　　03-5540-7793（販売）

Published in Japan by Asahi Shimbun Publications Inc.
ISBN 978-4-02-295261-5
定価はカバーに表示してあります。

朝日新書

オホーツク核要塞
歴史と衛星画像で読み解くロシアの極東軍事戦略

小泉　悠

超人気軍事研究家が、ロシアによる北方領土を含めたオホーツク海における軍事戦略を論じる。この地で進む原子力潜水艦配備の脅威を明らかにし、終わりの見えないウクライナ戦争との関連を指摘し、日本の安全保障政策はどうあるべきか提言する。

人類の終着点
戦争・AI・ヒューマニティの未来

エマニュエル・トッド
マルクス・ガブリエル
フランシス・フクヤマ　ほか

各地で頻発する戦争により、世界は「暗い過去」へと逆戻りした。一方で、飛躍的な進化を遂げたAIは、ビッグテックという新たな権力者と結託し、自由社会を脅かす。今後の人類が直面する「歴史の新たな局面」を、世界最高の知性とともに予測する。

ルポ　出稼ぎ日本人風俗嬢

松岡かすみ

性風俗業で海外に出稼ぎに行く日本女性が増えている。本書は出稼ぎ女性たちの暮らしや仕事内容を徹底取材。なぜリスクを冒して海外で身体を売るのか。貧しくなったこの国で生きていくとはどういうことか。比類なきルポ。

パラサイト難婚社会

山田昌弘

個人化の時代における「結婚・未婚・離婚」は何を意味するか？3組に1組が離婚し、60歳の3分の1がパートナーを持たず、男性の生涯未婚率が3割に届こうとする日本社会はどこへ向かうのか？　家族社会学の第一人者が課題に挑む、リアルな提言書。

財務3表一体理解法「管理会計」編

國貞克則

「財務3表」の考え方で「管理会計」を読み解くと、どうなるか。原価計算や損益分岐などお馴染みの会計テーマが独特の視点で解説されていく。経営目線からの投資評価や事業再生の分析は「実践活用法」からほぼ踏襲。新しい「会計本」が誕生！

朝日新書

直観脳
脳科学がつきとめた「ひらめき」「判断力」の強化法

岩立康男

最新研究で、直観を導く脳の部位が明らかになった。優れた判断をしたいなら、「集中すること」は厳禁。直観力を高めるためには、むしろ意識を「分散」させることが重要となる。これまであいまいとされてきた直観のメカニズムを、脳の専門医が解説。直観を駆使し、「創造力」を発揮するための実践的な思考法も紹介する。

宇宙する頭脳
物理学者は世界をどう眺めているのか？

須藤　靖

宇宙物理学者、それは難解な謎に挑み続ける探求者である。奇人か変人か、しかしてその実態は。宇宙の外側には何があるか、並行宇宙はどこに存在するか？　答えのない謎に挑む彼らの頭の中から科学的なものの見方まで、物理学者のユニークな思考法を大公開！　筆者渾身の文末注も必読。

民主主義の危機
AI・戦争・災害・パンデミック——世界の知性が語る地球規模の未来予測

大野和基／聞き手・訳

中東での衝突やウクライナ戦争、ポピュリズムのさらなる台頭が世界各地に危機を拡散している。社会の変容は未来をどう変えるのか。今、最も注目される知性の言葉からヒントを探る。I・ブレマー、F・フクヤマ、J・ナイ、S・アイエンガー、D・アセモグルほか。

朝日新書

何が教師を壊すのか
追いつめられる先生たちのリアル

朝日新聞取材班

定額働かせ放題、精神疾患・過労死、人材使い捨て、クレーム対応……志望者大激減と著しい質の低下。追いつめられる教員の実態。先生たちのリアルな姿を描き話題の朝日新聞「いま先生は」を再構成・加筆して書籍化。

米番記者が見た大谷翔平
メジャー史上最高選手の実像

ディラン・ヘルナンデス
サム・ブラム
志村朋哉／聞き手・訳

本塁打王、2度目のMVPを獲得し、プロスポーツ史上最高額でロサンゼルス・ドジャースへの移籍が決まった大谷翔平。渡米以来、その進化の過程を見続けた米国のジャーナリストが語る「二刀流」のすごさとは。データ分析や取材を通して浮かび上がってきた独自の野球哲学、移籍後の展望など徹底解説する。

うさんくさい「啓発」の言葉
人〝財〟って誰のことですか？

神戸郁人

「人材→人財」など、ポジティブな響きを伴いつつ、時に働き手を過酷な競争へと駆り立てる言い換えの言葉。こうした〝啓発〟の言葉を最前線で活躍する識者は、どのように捉えているのか。そして、何がうさんくさいのか。堤未果、本田由紀、辻田真佐憲、三木那由他、今野晴貴の各氏が斬る。